· **Andresa Molina** ·

Consciência Desperta

· **Andresa Molina** ·

Consciência Desperta

Abandone o julgamento e abrace o amor

Nova Petrópolis/RS
2023 - 1ª edição

Luz da Serra
EDITORA

Produção Editorial:
Tatiana Müller

Projeto gráfico e diagramação:
Joede Bezerra

Capa:
Nine Editorial

Revisão:
Luciana Félix

Dados Internacionais de Catalogação na Publicação (CIP)
(Câmara Brasileira do Livro, SP, Brasil)

Molina, Andresa
  Consciência desperta : abandone o julgamento e abrace o amor / Andresa Molina. -- Nova Petrópolis, RS : Luz da Serra Editora, 2023.

  ISBN 978-65-81771-04-1

  1. Autoajuda 2. Autoconhecimento 3. Consciência 4. Desenvolvimento pessoal 5. Espiritualidade
  I. Título.

23-178143   CDD-158.1

Índices para catálogo sistemático:
1. Autoajuda : Psicologia aplicada 158.1
Eliane de Freitas Leite - Bibliotecária - CRB 8/8415

Todos os direitos reservados. Nenhuma parte desta obra pode ser reproduzida ou transmitida por qualquer forma e/ou quaisquer meios (eletrônico ou mecânico, incluindo fotocópia e gravação) ou arquivada em qualquer sistema ou banco de dados sem permissão escrita da Editora.

Luz da Serra Editora Ltda.
Rua das Calêndulas, 62
Bairro Juriti - Nova Petrópolis/RS
CEP 95150-000
loja@luzdaserra.com.br
www.luzdaserra.com.br
loja.luzdaserraeditora.com.br
Fones: (54) 99263-0619

Dedicatória

Ao escrever estas palavras, vejo o filme da minha vida passando em minha mente. Quantas histórias e pessoas passaram pela minha vida e, de uma maneira ou de outra, forjaram a pessoa que sou hoje!

Portanto, dedico este livro a todos que me amaram e também aos que me feriram, a todos que ficaram ao meu lado e também aos que partiram, pois todos, de alguma forma, contribuíram para formar a pessoa forte, dedicada, consciente e amorosa que sou hoje.

Agradecimentos

Agradeço de coração a cada um que me ajudou a tornar real a missão de levar Consciência que Cura para o maior número de pessoas.

Agradeço a todos os Humanoterapeutas parceiros, por acreditarem em mim e na minha missão.

Agradeço aos meus colaboradores, por contribuírem com essa causa.

Agradeço aos meus alunos, verdadeiros Soldados da Luz, que me ajudam a levar lucidez a cada cantinho deste mundo.

Agradeço a todos os amigos que me apoiam e sustentam.

Agradeço aos meus pais, por nunca desistirem de mim e por estarem sempre me incentivando e amando.

Agradeço aos meus sogros, por também me apoiarem e confiarem no meu propósito.

Agradeço especialmente ao meu marido, Rodrigo, pois, sem ele ao meu lado, nada seria possível – nem tão valioso.

Agradeço a minha mentora espiritual, Mãe Maria, que encabeça esse grande projeto nos planos espirituais.

A todos os meus guardiões e protetores de uma vida toda, ao orientador espiritual Pai Francisco, que me ajudou a despertar para essa linda missão. A toda a espiritualidade Crística e a Deus. A todos, minha sincera gratidão.

Você pode estar se perguntando: "Será que ela lembrou de mim quando este filme passou em sua cabeça?". Você não terá como saber exatamente, mas eu sei.

Gratidão do fundo do meu coração.

Amo vocês.

Andresa Molina

Sumário

Apresentação – Ter consciência traz a cura 11

PARTE 1
Conheça-se

Capítulo 1 –   Tudo começa na sua mente................... .23
Capítulo 2 –   Os sete corpos .... .33
Capítulo 3 –   O equilíbrio dos chakras .... .45
Capítulo 4 –   O campo áurico 63
Capítulo 5 –   Temperamentos e elementos .... .73

PARTE 2
Aceite-se e ajude-se

Capítulo 6 –   Pecados e julgamentos .... .89
Capítulo 7 –   O orgulho 95
Capítulo 8 –   A avareza .... .103
Capítulo 9 –   A luxúria .... .109
Capítulo 10 – A ira 117
Capítulo 11 – A gula................................... .123
Capítulo 12 – A inveja .... .129
Capítulo 13 – A preguiça .... .135

PARTE 3
Conecte-se e trate-se

Capítulo 14 – Entre no estado desperto e presente.........145

Capítulo 15 – Alinhe seus corpos com o
relaxamento Alfa Profundo 155

Capítulo 16 – Atraia soluções para a sua vida 165

Capítulo 17 – Controle as suas ondas cerebrais 177

Capítulo 18 – Sua consciência se expandiu...
Agora, siga a sua caminhada.................187

Apresentação

TER CONSCIÊNCIA TRAZ A CURA

Durante muito tempo, lidei com o alcoolismo sem que praticamente ninguém percebesse. As pessoas achavam que eu era apenas mais uma companhia alegre, divertida, sempre presente nas *happy hours*. Comecei a trabalhar muito cedo, aos 16 anos, na área administrativa de uma associação comercial. Junto a isso, vieram os primeiros convites para ir a barzinhos depois do expediente. Foi assim que passei a tomar cerveja.

Aos poucos, a frequência foi se tornando cada vez maior. Durante o dia, eu só pensava na noite ou na sexta-feira. Meu corpo estava no trabalho, mas a minha motivação estava na balada. Então, o que comecei a perceber? Que eu nunca me encontrava no momento presente – e isso me gerava ansiedade. Também ficou claro para mim que eu não gostava do meu trabalho. Nesse processo, entendi que a minha única felicidade era estar com os amigos... bebendo.

Sei que parece algo muito normal, afinal, muita gente faz. Mas, com o passar do tempo, fui tendo a consciência de que poderia ser um problema. Embora, nesse período, eu ainda não me visse como uma alcoólatra, não tinha coragem de comentar com ninguém que eu só sentia alegria após ter consumido álcool. Era uma dor interna. Não bastava ficar me divertindo com os meus amigos. Se eu não pudesse tomar cerveja por qualquer razão, preferia ficar em casa. Comecei a me incomodar com isso, mas não tomava qualquer ação efetiva. Eu sabia que tinha um problema, que aquilo não poderia ser normal, mas não fazia nada para mudar.

Até que, em 2005, a minha avó morreu. Eu era apaixonada por ela! Foi a minha avó quem cuidou de mim quando eu era pequena, porque meus pais precisavam trabalhar. Éramos uma família simples, sem recursos. Eu ficava diariamente com ela e construímos um forte laço de amor. Com a sua partida, a dor da saudade aumentou o vazio dentro de mim, e eu senti a necessidade de olhar mais seriamente para essa questão da cerveja e da balada. Foi então que busquei um processo terapêutico energético-espiritual.

Como meus pais eram médiuns e frequentadores da umbanda, eu cresci entendendo que a vida não começava na barriga. Que havia muito mais coisas por trás disso, como vidas passadas e uma outra dimensão, que eu entendia como espiritual. Por isso, não fazia sentido, para mim, procurar uma terapia convencional. Comecei, então, a fazer uma terapia integrativa, que olhava para o mundo sistêmico e para as vidas passadas.

Esse processo foi muito enriquecedor, porque me trouxe autoconhecimento: descobri mais sobre mim e sobre esse universo energético e espiritual. Mas, ainda assim, não conseguia largar a cerveja. Sabe o que aconteceu? A minha dor piorou. Por já ter um certo nível de clareza e autoconsciência, passei a me cobrar ainda mais: por que eu não consigo resolver o meu problema? Eu tentava ficar alguns dias sem beber, mas era muito difícil. Minha mente racional não parava de gritar: "Se eu já sei o que tenho que fazer, que preciso vibrar numa frequência diferente, por que não paro de beber?".

Continuei levando a mesma vidinha e, em 2010, me casei. Nessa ocasião, saí do mercado de trabalho e passei a ajudar a minha mãe em seu comércio. Eu já tinha mais de 30 anos e foi aí que estreitei os laços com ela e nos tornamos muito amigas. Foi então que percebi a dor que ela trazia em relação à bebida: o pai dela era alcoólatra e acabou morrendo em decorrência disso. Meu próprio pai também sofria com o abuso do álcool, e só conseguiu controlar após frequentar os Alcoólicos Anônimos (AA) e fazer tratamentos de cura na umbanda, época em que eu já estava com três anos de idade. Ou seja, ao longo da vida, minha mãe teve que lidar com um pai, um marido e naquele momento com uma filha com o mesmo problema. Era uma dor muito grande para ela.

No entanto, quem me via de fora, enxergava apenas uma mulher superdivertida que saía para beber. Nesse ponto, quero deixar bem claro que nem todo mundo que toma uma cerveja ou que de vez em quando "mete o pé na jaca" com a bebida é um alcoólatra. Existe uma diferença entre essas pessoas que bebem socialmente e com controle, e aquelas que não conseguem ficar sem tomar um gole. Se, por exemplo, forem convidadas para passar um fim de semana em um sítio, mas com o combinado de ninguém levar cerveja, elas não irão porque não terá a menor graça. Eu era assim. Não assumia para fora, mas, internamente, sabia disso. Aqui, estou apenas contando a minha história. E cada um vai se perceber e se reconhecer, ou não.

Ao ver a minha mãe sofrendo por minha causa, eu também sofria. Não queria que ela ficasse daquela maneira. Mas eu fazia sem querer, não tinha controle sobre isso. Por esse motivo, continuei as minhas buscas para conseguir parar de beber, frequentando diversos lugares onde eu pudesse encontrar a cura.

Um dia, finalmente, eu e minha mãe fomos a uma radiestesista que usava a mesa quantiônica, técnica que se utiliza de um pêndulo e uma espécie de tabuleiro com aspectos a serem trabalhados – o qual chamamos de "mesa" –, para tratar energias do campo sutil do paciente. Ela realizou em mim um trabalho energético muito interessante, limpando, harmonizando e realinhando minhas energias. Na época, eu não entendia absolutamente nada do que a terapeuta estava fazendo. Mas achei aquilo incrível, porque ela falou coisas da minha vida que só eu tinha conhecimento, usando equipamentos (como o pêndulo e a própria mesa) que me deixaram fascinada. Ao término do meu atendimento, fiquei na sala de espera enquanto minha mãe se tratava. Foi quando comecei a ler um livro: *Radiônica, a ciência do futuro*, de Juan Ribaut. Descobri que a radiestesia tinha conceitos baseados em evidências científicas.

Saí do consultório decidida a entender mais sobre o assunto. Comecei a ler outros livros e fui atrás de Juan Ribaut, que vivia em São Paulo. Comecei a fazer seu curso de radiestesia e cheguei à primeira aula dizendo: "Eu não quero mais saber desse negócio de espiritualidade! Isso não funciona! Eu vou ao centro dos meus pais e ninguém resolve o meu problema. Agora, quero ir mais para esse lado da ciência". Depois de um período estudando com Juan, comecei a trabalhar com ele. Mas ao mirar em um ponto, acabei acertando em outro – exatamente aquele que eu precisava. E foi assim que fui apresentada, pelo professor, à apometria, um trabalho espiritual que trata processos obsessivos e auto-obsessivos. Explicando de uma maneira bem simples, o processo obsessivo corresponde a um terceiro que invade o nosso campo energético e rouba a nossa energia vital, por meio do magnetismo que mantém sobre os encarnados. Até aí, eu já compreendia um pouco. Mas fiquei muito intrigada sobre o que seria o processo auto-obsessivo. Aprendi, então, que eram níveis de nossas outras vidas que nos atacavam. É como se fossem pedaços nossos, algum trauma de uma encarnação passada, com uma carga energética muito forte a ponto de nos dominar em certas situações. Parece algo que não existe, porque temos a impressão de que os ataques são sempre externos. Mas a verdade é que esses níveis de vidas anteriores são grandes causadores de males muito profundos em nossa existência atual.

Foi a partir daí que minha cura começou a se efetuar. Eu passei por um tratamento bem completo, que incluía a apometria, e as melhoras foram significativas. Parei de ter dores recorrentes (no corpo, na cabeça, nas costas...), aperto no peito, medos e tristezas, que eu frequentemente associava ao fato de ter bebido. Isso já me deixou muito feliz. Mas deixar de tomar cerveja ainda não era algo que eu dominava. Ao término do meu tratamento, fui convidada a trabalhar com apometria e, aí sim, a minha necessidade de beber passou.

A apometria me trouxe uma grande descoberta: a de que eu era médium de desdobramento. Desde muito pequena, frequentava o centro de umbanda com meus pais e achava que mediunidade era incorporar espíritos, como caboclos e outras entidades, para que eles passassem suas comunicações e agissem ao se ligar ao corpo do encarnado. Por isso, nunca me senti médium, por não ter essa capacidade. Mas, com a apometria, eu conseguia desdobrar os meus corpos para trabalhar no mundo espiritual, o que também é um tipo de mediunidade.

Mas qual foi o grande diferencial da apometria que tirou a minha vontade de beber? O processo de desdobramento é exatamente o mesmo que o alcoólatra faz. Quando bebe, ele se solta. A consciência dele se desdobra, não fica mais presa apenas ao plano físico. Era o que acontecia comigo quando eu consumia álcool. Assim, ao começar a trabalhar na apometria, pude fazer isso de uma maneira organizada, sem precisar de qualquer agente externo. Minha necessidade de me desdobrar com a bebida simplesmente desapareceu.

A verdade é que não é da nossa cultura trabalhar, desde pequenos, a meditação, as percepções sensoriais, a espiritualidade... O desdobramento era uma necessidade fisiológica minha, e, como eu não tinha aprendido isso de uma maneira natural, passei a buscar artificialmente. Eu usava a bebida, mas poderia ter sido uma droga ou qualquer outro agente externo para ativar, em mim, esse desdobramento. Com a apometria, aprendi a técnica para me desdobrar e ficar solta, em um nível de consciência que mais parece que estou em órbita. Só que posso voltar a hora que quiser de forma totalmente consciente, com as faculdades mentais perfeitas, diferentemente do que a bebida causa.

Depois de um tempo atuando na apometria, comecei a desenvolver um trabalho em relação à dependência. Fui percebendo que todas as pessoas, de certa maneira, têm alguma dependência, seja de bebida, droga ou remédio, seja de uma pessoa ou de uma situação. Tecnicamente, quase tudo é uma dependência. Algumas lidam bem com isso e a sua vida não para, enquanto outras entram em um processo de profunda dor.

Durante bastante tempo, cheguei ao ponto de ficar desdobrada no espaço terapêutico das 14h até as 22h, todos os dias. Eu tinha sede de ajudar a combater o mal que estava afetando a maioria das pessoas, sobretudo aquelas em torno da minha idade, que são consideradas da energia índigo (seres nascidos a partir dos anos 1970 e 1980, dotados de profunda amorosidade e sensibilidade). E que mal seria esse? Se essas qualidades não forem muito bem direcionadas, os índigos acabam se perdendo e virando massa de manobra energética e espiritual de seres mais ardilosos. Isso pode se transformar em uma dor infinita, porque eles sentem tudo e acreditam ser deles esses sentimentos e sensações. Quando pensam em fugir dessa dor, encontram a saída na bebida e nas drogas. Outros podem chegar ao extremo de desenvolver crises de pânico ou tentar o suicídio. Assim, no meu trabalho, eu captava essa energia e dava o encaminhamento necessário para que ela fosse tratada.

Nesse processo, surgiu a vontade de ter o meu próprio espaço terapêutico, onde eu pudesse fazer trabalhos energéticos e espirituais. Em 15 de julho de 2015, com toda a coragem, aluguei uma salinha em São Paulo, onde nasceu o Espaço Humanidade. Era uma salinha mesmo, de uns 30 metros quadrados. Recebi muito apoio dos meus pais, do meu marido e dos meus sogros. Estava vivendo uma fase financeira difícil, com algumas decepções envolvidas. Mas, como de energia eu entendo, *hackeei* o medo e não deixei que ele me dominasse.

Aos poucos, a clientela foi surgindo. No salão de festas do prédio onde eu morava, fiz uma palestra contando toda a minha trajetória e como havia conseguido me curar de minhas bebedeiras e de toda a minha tristeza. As pessoas ficaram admiradas com a minha completa transformação e passaram a procurar os meus atendimentos. Com o tempo, comecei a ouvir: "Nossa, eu queria muito aprender isso que você faz". E aí pensei na oportunidade que tive, lá atrás, quando os meus primeiros professores me deram a chance de aprender e trabalhar. Tenho muita gratidão a eles e entendi que chegava a hora de retribuir, dando condições para outras pessoas que estavam começando. Foi assim que reuni todo o meu conhecimento teórico e prático – não era apenas mais um curso de apometria – para criar o Humanoterapeuta. Estruturei um método com a linguagem mais simples possível para formar terapeutas profissionais ou terapeutas de suas próprias vidas.

Tanto no Espaço Humanidade quanto na Humanoterapia, trabalhamos com a espiritualidade livre, sem qualquer vínculo religioso. Além disso, entendemos que a resposta está sempre dentro de nós, e não fora. É uma conversa interior. Outro grande alicerce é compreender que existem dois processos para a nossa cura: o de autorresponsabilidade, em que somos capazes de fazer escolhas e mudanças, utilizando o nosso livre-arbítrio; e o de compreensão e aceitação de que algumas coisas simplesmente são, e que não está em nossas mãos escolher (já são predestinadas).

Isso se torna mais fácil de aceitar quando buscamos despertar e expandir nossa consciência. O slogan do Espaço Humanidade é "consciência que cura", porque quanto mais consciência eu ganho, mais tenho ferramentas e bagagem para curar a mim mesmo.

Vou fazer um paralelo para explicar melhor. Suponha que você queira acessar uma música que está em nuvem. Para ouvi-la, vai ter que baixar um aplicativo. Agora, imagine que os seus sentimentos também estejam numa nuvem, a qual chamamos de "campo". E aí você começa a sentir uma tristeza, só que não sabe de onde vem. Não aconteceu nada em sua vida que possa justificá-la. Se você não baixar o aplicativo chamado "consciência", não conseguirá curar essa dor. Não saberá se é realmente sua ou de outra pessoa do campo. Então, a consciência cura porque, primeiramente, você saberá a diferença entre quem é e como se sente, e quando se trata de algo diferente, que não é seu. Ao aprender, de maneira consciencial, a cuidar de todos esses níveis que estão em dor, conseguirá obter alívio.

Neste livro, portanto, entregarei a você diversos ensinamentos para que possa se conhecer melhor, camada por camada. Dessa forma, vai entender o que pode ser feito para se livrar de suas próprias dores, sejam elas quais forem. Assim como eu consegui curar o meu problema com a bebida ao despertar minha consciência, ao compreender a necessidade de tratar os meus mais profundos níveis, você também será capaz de trazer luz para a sua existência. Como? Vou lhe explicar...

Para que as próximas páginas possam causar essa transformação em você, dividi o conteúdo em três partes. Na primeira, você vai se autoconhecer, para saber o que se passa com o seu corpo físico, energético e espiritual. Dessa maneira, entenderá como pode alcançar mais equilíbrio em sua vida.

Mas não basta se conhecer. É preciso, também, aceitar verdadeiramente quem você é, livrando-se dos julgamentos. Por isso, na segunda parte, apresentarei uma nova visão sobre os sete pecados capitais, para que possa identificar quando "peca" – ou melhor, quando seus instintos vêm à tona. Porém, não é para descer o chicote sobre si próprio, se autopunindo. Pelo contrário: você compreenderá que esses pecados fazem parte da sua essência e que negá-los não é um bom caminho. O que precisa é enxergar e viver o lado positivo desses instintos. Ao deixar de se condenar, você para de querer ser quem não é e se torna uma pessoa muito mais feliz, porque resolve abraçar e viver no amor.

E como conquistar essa autoaceitação? Na terceira parte, proponho algumas práticas. Será o momento de realizar técnicas respiratórias e de relaxamento – conduzidas por mim mesma, em vídeos facilmente disponíveis por QR Code –, capazes de colocá-lo em conexão com o Universo e obter as respostas sobre o seu projeto de vida. Vai aprender, ainda, a encontrar soluções para os seus problemas e como usar as ondas cerebrais para realizar os seus processos de autocura.

Então, vire as páginas a seguir e comece o mergulho para dentro de si mesmo. Entre sem medo nessa jornada do Humanoterapeuta, lembrando que a cura não está apenas em suas mãos, mas, principalmente, na expansão e no despertar da sua consciência.

PARTE 1

Conheça-se

Capítulo 1
TUDO COMEÇA NA SUA MENTE

PARA QUE CONSIGA EXPANDIR SUA consciência e, assim, abandonar o julgamento e abraçar o amor, o primeiro passo é conhecer melhor a sua mente. Muita gente fala, hoje, sobre o poder da mente. Mas será que é tão simples assim: pensar e criar? Ao longo deste livro, eu vou mostrar para você que há muito mais elementos envolvidos no mistério da manifestação – e entenda isso como materializar coisas boas em sua vida, mas também coisas ruins, já que nós mesmos criamos as nossas próprias dores. E, para dar o pontapé inicial na expansão da sua consciência, vou apresentar o que está envolvido nas nossas três mentes: consciente, inconsciente e cósmica – provavelmente, até hoje, você ouviu falar muito mais nas duas primeiras.

Como talvez você já saiba, a mente consciente é a nossa mente racional. E, por incrível que pareça, ela só é responsável por 5% dos nossos pensamentos. Os outros 95% ficam a cargo da nossa mente inconsciente. Imagine um iceberg: é como se a parte que está fora da água fosse o consciente; todo o resto, submerso, é o inconsciente. Mas este só obedece a ordens. Se alguém falar para você que algo é perigoso, a sua mente inconsciente simplesmente recebe a informação e a registra. Numa outra ocasião em que esse objeto de perigo novamente se apresentar, mas fora de um contexto de ameaça real, seu inconsciente lançará o alerta de socorro. Nessa hora, caberá a sua mente consciente trazer luz e lucidez para essa parte inconsciente, dizendo: "Calma, agora está tudo bem".

O fato é que a mente inconsciente não tem bom senso. Quando acionada, dá uma resposta automática. Quem vem oferecer a ela a capacidade de reflexão é a nossa mente consciente. E, literalmente, ela vai trazer consciência para esses pedacinhos (fractais) que nos prejudicam, os quais nós mesmos vamos alimentando em nosso inconsciente ao longo da vida.

Vamos pensar no medo. Quando será que ele é real? Quando está na nossa consciência e faz sentido. Por exemplo, você está andando sozinho a pé numa rua muito perigosa, no meio da madrugada. Ou seja, está diante de um perigo concreto. E quando ele é irreal? Quando a ameaça fica rodando o tempo todo no seu sistema inconsciente, como uma ilusão. Por exemplo, você vive numa cidade pequena, pacata, onde o índice de assaltos é baixíssimo, mas não anda sozinho pelas ruas, nem dirige o carro com os vidros abertos. Está sempre pronto para se defender de algo que nunca vai acontecer.

Assim, fica o tempo todo criando uma condição mental de que será assaltado, abrindo o campo de possibilidades para que isso realmente se concretize.

Já em relação à mente cósmica, cada um dá a ela o nome que quiser: pode ser Deus, Universo, consciência cósmica... Não importa. O que vale é saber que se trata de uma mente superior, com uma infinita sabedoria que nos sustenta, nos dá vida, nos alimenta, nos educa, nos conduz, nos mantém. E o que vem acontecendo agora, nesse processo evolutivo da própria humanidade, é que estamos ganhando consciência sobre essa mente, que é algo muito maior e muito mais metafísico.

Durante muito tempo, só se falava de um Deus separado de nós. O mesmo acontecia nas civilizações antigas que acreditavam em vários deuses. Atualmente, evoluímos a ponto de compreender que Deus coabita em nós. Somos cocriadores. Somos deuses. Mas é muito importante entender que isso não significa que temos o poder sobre todas as coisas e sobre todas as pessoas, e sim o poder de nos conectar com essa fonte criadora, que flui para se manifestar através de nós. Todos estamos manifestando o Deus que habita em nós para algo muito maior.

Entenda, ainda, que estamos evoluindo individualmente para alcançar esses níveis de consciência. Durante todas as nossas existências, fomos sustentados pela mente cósmica – e sempre foi de lá para cá. Mas agora é que as pessoas estão compreendendo melhor essas informações, se conectando e se sintonizando com essa grande consciência que forma a incrível teia da vida. E cada um de nós é uma peça desse quebra-cabeça – uma célula desse grande corpo chamado humanidade –, cumprindo individualmente sua missão. Ninguém é melhor do que ninguém. Todos somos essenciais e precisamos manifestar a nossa essência. Então, é com a ajuda dessa mente cósmica que podemos perceber qual é a nossa função.

Além disso, trata-se de uma grande rede conectada. Já existiu a ideia de que se eu desse um tiro em alguém, essa pessoa seria prejudicada, eu não. Hoje, entendemos que, pelo Universo quântico, se eu machucar alguém, é como se eu estivesse dando um tiro no meu próprio pé. É inevitável, porque estamos todos conectados. Por isso, é preciso respeitar o fluxo do mundo sem interferir, sem manipular, sem fazer com que as coisas saiam apenas do jeito que você quer. Quanto mais ajudar o mundo a ser um lugar melhor, mais o seu mundo ficará melhor, já que estamos todos conectados nessa grande mente cósmica. No decorrer deste livro, a ideia que desenvolveremos é a de que não existe apenas o "eu" e o "seu", e sim o "nós" e o "nosso". Sua família é a humanidade toda.

▎Mente cósmica na prática

Tudo isso parece muito bonito e conceitual, não é mesmo? Mas, na vida prática, se manifesta em nossas atitudes do dia a dia, em nossas percepções de tudo o que nos acontece. Vou dar um exemplo real de como é se conectar com essa grande mente cósmica, que muitas pessoas vão chamar de fé. Em 2013, na costa da Nigéria, um navio rebocador com 12 pessoas naufragou. Todos os tripulantes morreram afogados, exceto um que, no momento do naufrágio, estava dentro do banheiro, onde foi formada uma bolha de ar que permitiu que ele continuasse vivo a uma profundidade de 30 metros.

Quanto mais ajudar o mundo a ser um lugar melhor, mais o seu mundo ficará melhor, já que estamos todos conectados nessa grande mente cósmica

@espaco_humanidade

As equipes de busca resgataram os corpos e todos foram identificados. Mas, na contagem da tripulação, faltava um. Era o homem que estava dentro do banheiro, sem que ninguém soubesse. Mas ele começou a pedir, a se conectar com algo maior, que transferia a informação: "Estou vivo, estou vivo, venham me buscar". Mesmo ficando cada vez mais fraco, continuou se conectando com tamanha força, com toda a sua essência, com a integralidade do seu ser. Com o passar do tempo, todos os envolvidos na busca começaram a desistir. Porém, um marinheiro não se conformou e disse: "Não é possível. Eu preciso encontrar esse homem. Como não achei o corpo, existe a possibilidade de vida". E assim permaneceu procurando – em alinhamento perfeito com uma conexão profunda, com a grande mente cósmica, sem que talvez ele nem se desse conta. Dessa forma, conseguiu localizar e salvar o náufrago preso no banheiro. Depois, numa entrevista, sua resposta à pergunta "Mas por que você continuava procurando?", foi: "Não sei, eu sentia a necessidade de continuar e simplesmente continuei. Era o meu trabalho".

Essas duas pessoas não se conheciam e nem sequer existiu uma ligação telefônica para conectá-las. Mas uma transmitiu a informação para a outra pelo alinhamento com a mente cósmica. E o socorrista, por sua vez, estava extremamente alinhado com o seu servir, e não com o "não há mais como encontrar ninguém", conectando-se, também, com a mente cósmica. Ele ignorou a razão e respeitou o que sentia em seu coração.

Mas por que isso não aconteceu com os outros profissionais? Porque não estavam sintonizados com a essência do seu ser. Entenda que a mente que forma essa teia transfere a informação de maneira impessoal. Ou seja, não é personificada, para mim ou para você. É para a humanidade, e a pessoa que estiver alinhada com essa informação a pegará. A mente cósmica trabalha para o todo.

E nós devemos agir da mesma maneira. Então, quando você trabalha dentro da integridade do ser e não deseja traição, não irá trair um amigo. Se quiser honestidade em sua vida, tem que ser honesto com todas as pessoas. Enfim, quando você gerar qualquer situação, tem que fazê-lo pensando no todo. Não pode ser bom só para você. Tem que levar consciência e amor para todos, independentemente de quem sejam as pessoas envolvidas nisso.

Às vezes, um cientista produz uma vacina que só será validada 20, 30 anos depois. E pode ser que, quando a população puder se beneficiar dela, ele nem esteja vivo para desfrutar dos créditos. Mas, quando está dentro do laboratório, sua preocupação é com algo muito maior. O seu trabalho para o todo é o que gera a sua sustentação energética. O que faz sentido para ele não é a busca da fama, e sim o servir à humanidade, cada um com a sua inteligência, com o seu raio de missão de Deus manifestado na Terra.

Nós estamos o tempo inteiro conectados a essa grande inteligência. Por isso, não devemos ignorar, menosprezar, julgar ou ter preconceitos. Vou dar agora um exemplo hipotético. Em prece, você roga: "Deus, me ajude a resolver esse problema". Você já tentou obter uma solução junto a alguns amigos, mas nenhum conseguiu auxiliar. O jeito foi entregar a Deus, pedindo uma orientação. E então a mente cósmica envia a resposta, por meio de um livro que uma pessoa meio esquisita (aos seus olhos) está lendo, na mesa ao lado da sua na praça de alimentação de um shopping. Porém, por conta do seu preconceito ou julgamento, você olha para ela e não se conecta. E aquela pessoa estava ali o tempo todo com a resposta de que você precisava para resolver a sua dor, mandada pelo Universo.

Entenda que, não raro, são os nossos preconceitos, os nossos julgamentos e as nossas condenações que fazem com que não percebamos Deus se comunicando conosco em cada situação que a vida nos traz. Mas basta nos conectarmos cada vez mais com essa grande mente cósmica para conseguir receber os sinais.

Então, toda vez que você tiver um problema, uma dor ou algum questionamento, entregue nas mãos de Deus, pedindo orientação de como pode resolver – não é para Ele resolver por você. Simplesmente entregue com fé, confie e viva a sua vida. Faça os movimentos necessários, colocando-se sempre em ação, e todo o Universo vai se movimentar para ajudá-lo.

Pineal: conector com o mundo espiritual

Agora que você já entendeu a diferença entre as mentes consciente, inconsciente e cósmica, vou complementar esse conhecimento com uma pequena glândula que existe dentro do nosso cérebro e que ajuda muito na nossa conexão com a espiritualidade: a pineal. Com tamanho semelhante a um caroço de azeitona e formato parecido com uma pinha, ela fica na parte central desse órgão, bem na altura do meio das sobrancelhas.

A glândula pineal faz a recepção das ondas de informações externas, principalmente as espirituais, sejam positivas ou negativas. E por meio dela, junto aos nossos sentidos, conseguimos decodificar essas mensagens. Vamos entender melhor: a pineal é a porta de entrada da informação, que em seguida a transfere para o tálamo (onde ficam o tato, visão, audição, olfato e paladar) – assim, sai do inconsciente e vai ser decodificada pelo consciente em alguma linguagem física que consigamos compreender. De lá, segue para o hipotálamo, que está ligado, basicamente, a quatro funções: fome, sono, agressividade e sexualidade.

O que eu quero dizer com isso? Que, dependendo da qualidade da informação ou da conexão que está sendo feita com o externo, você vai acessar uma dessas áreas. E, se for de má qualidade, pode gerar um distúrbio na produção hormonal, já que o hipotálamo está ligado diretamente à hipófise, que produz alguns hormônios. Agora, vamos imaginar que a pineal de alguém acessa a informação de uma energia desqualificada, como a de um espírito obsessor. Ao percorrer todo o trajeto e chegar à hipófise, se a pessoa já estiver um pouco entristecida – e, portanto, liberando o hormônio corticotrófico –, essa energia intrusa vai aumentar potencialmente a produção de um outro hormônio, o cortisol, que causa uma tristeza grande. Então, imagine unir isso ao processo obsessivo. O resultado pode ser o início de um grave processo depressivo.

O fato é que existem milhares de conexões que podem ser feitas a partir da captação de energias externas pela pineal, interferindo diretamente no seu comportamento e, muitas vezes, na sua saúde física. E o que eu mais quero que você se atente aqui é para a importância de manter a sua qualidade interna de pensamentos e sentimentos para que faça boas conexões, porque, do mesmo jeito que pode se conectar com energias intrusas capazes de levar à depressão, você também é capaz de se alinhar energeticamente com energias melhores, com espíritos de mais luz, e assim essa conexão vai ser muito mais proveitosa, tanto para você quanto para eles. Isso vai lhe trazer uma qualidade de vida muito superior.

Compreenda, então, que uma doença pode estar sendo potencializada pela espiritualidade sim. Por isso, é de suma importância que você melhore o teor de seus pensamentos, sentimentos e emoções, para se ligar a energias superiores, e não inferiores. Tenha em mente: tudo o que você se relaciona no externo é de acordo com o que você tem no interno, dentro de você. Ao aprender isso, já não dá mais para culpar o outro pelas coisas que lhe acontecem, porque são de acordo com o que você pensa e sente. Quanto melhor estiver, melhores contatos terá, via glândula pineal.

Capítulo **2**

OS SETE CORPOS

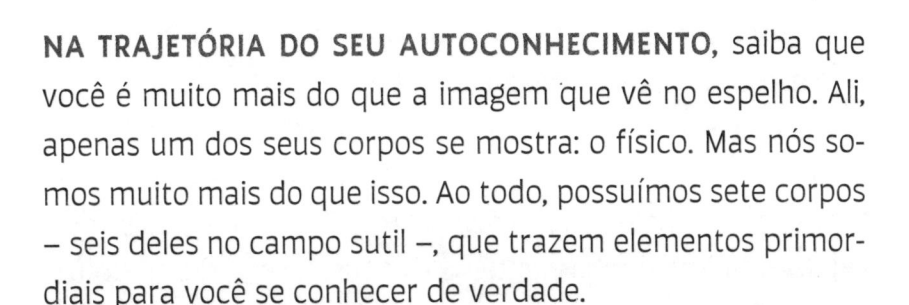

---ୠ---

NA TRAJETÓRIA DO SEU AUTOCONHECIMENTO, saiba que você é muito mais do que a imagem que vê no espelho. Ali, apenas um dos seus corpos se mostra: o físico. Mas nós somos muito mais do que isso. Ao todo, possuímos sete corpos – seis deles no campo sutil –, que trazem elementos primordiais para você se conhecer de verdade.

Para você entendê-los, os apresento aqui de baixo para cima, ou seja, do corpo mais material até o mais sutil. Mas também poderia ser o oposto, do mais sutil para o mais material, porque, afinal, a nossa matriz vem do alto, e isso explica bem como funciona o processo de materialização tanto das doenças quanto de qualquer questão da nossa vida.

Mas, para facilitar a sua compreensão, vamos partir do físico. Os nossos sete corpos são divididos em *quaternário inferior* – os quatro primeiros listados a seguir, que estão em nosso campo material e são mais densos – e *tríade superior* (os três últimos, mais fluidos), porque já fazem parte de um plano espiritual e são luz pura. Vamos a eles:

Corpo físico

É fácil de compreender, porque corresponde à caixa de ossos, cartilagem e pele de que temos consciência. Mas o corpo físico não necessariamente possui vida, já que também corresponde ao que vemos quando alguém morre. Ele é um aglomerado de energia condensada – já que todo o nosso corpo é feito de átomos – e é o veículo de manifestação dos outros corpos a seguir.

Duplo etérico

De uma maneira simples, é o corpo da vitalidade, que dá vida e anima o corpo físico. Ele traz o molde de todos os nossos órgãos e de todas as estruturas de que precisamos para compor o corpo material da maneira como ele é. Nele, habitam todos os nossos chakras, tanto os sete principais (que explico mais profundamente no capítulo a seguir) quanto todos os menores – embora esses centros de força também se manifestem em todos os outros corpos, exceto no físico.

Corpo emocional

Também chamado de corpo astral. É nele que ficam registradas todas as emoções, sejam elas boas ou ruins, positivas ou negativas. Esse é um corpo que vibra. Então, tudo o que acontecer no decorrer de sua vida, ficará armazenado no corpo emocional, sob forma de vibração. Só para você compreender um pouquinho melhor, é por isso que muitas vezes não nos lembramos de uma coisa, mas sentimos. Algo que aconteceu lá na nossa infância, mas que não sabemos ao certo o que é... Cada vez que esse corpo vibra, traz uma sensação ao nosso corpo físico, mas não necessariamente conseguimos lembrar, porque o emocional é separado do corpo racional (o mental inferior, que vou explicar logo a seguir).

Em resumo, as emoções nos fazem vibrar: muito medo, muito amor, muita paixão... É a potência dessas vibrações que nos permite atrair tudo o que é material. Por isso, o corpo emocional também ganha o nome de "modelo organizador biológico": a partir da vibração, ele atrai toda a parte física que é composta dos átomos. E são esses átomos que vão compor a matéria do nosso corpo físico e de tudo ao nosso redor. Ao final deste capítulo, você vai entender melhor isso.

Corpo mental inferior

É o corpo racional, totalmente separado do corpo emocional (embora estejam conectados). Por conta disso, muitas vezes pensamos uma coisa, mas, na verdade, sentimos outra. É nele que habita o nosso ego, a nossa individualidade e os nossos pensamentos.

Corpo mental superior

É onde está o nosso projeto de vida, tudo aquilo que trazemos para trabalhar nesta encarnação. Não é à toa que, em processos terapêuticos, costumamos escutar: "Está tudo aí dentro de você, todas as respostas...". Isso é real. Porque, de fato, é no nosso mental superior que elas se encontram. Basta um olhar interno, profundo, livre de racionalidades e emoções exacerbadas, para entrarmos em contato com esse corpo.

Assim, o corpo mental superior pega do corpo búdico (que você vai conhecer adiante) só aquilo que precisamos elaborar nessa experiência encarnatória, com o objetivo de nos melhorar. E como a ideia do processo evolutivo nunca é piorar, não será nada que já não estejamos maduros para enfrentar. Ou seja, conseguimos compreender que a maneira feita anteriormente não foi positiva para a nossa evolução, nem para a do próximo. Por isso, o contexto geral também será levado em conta.

Vamos a um exemplo. Imagine que, quatro encarnações atrás, uma pessoa tenha sido muito preconceituosa, tendo causado dores nos outros por conta disso. Então, o que acontece? Ela continua o seu processo e uma hora entende, no nível espiritual consciencial, que aquilo não fazia sentido. Naquela experiência na carne, agiu como todo mundo da sociedade. E, por ainda não racionalizar de uma maneira mais evoluída, agiu como o que entendia ser o certo. Mas agora, isso já não faz mais sentido para ela.

Somente nesta encarnação atual, ela vai vir com características (tipo de corpo, família, profissão...) para trabalhar essa questão. Perceba que, nos campos energéticos espirituais, não há linearidade. Foi preciso aguardar o momento certo, por frequência e sintonia. Talvez somente nesta vida ela pudesse reencontrar uma pessoa específica a quem feriu muito, por ter agido de maneira extremamente preconceituosa – cada uma seguiu o seu caminho e só agora reencarnaram juntas. Finalmente, terá a oportunidade de se ajustar com quem causou dor no passado.

E aí você pode estar se questionando: "Mas se essa pessoa já entendeu que agiu mal, por que deve viver essa experiência?". Porque assim obterá o magnetismo necessário (para atrair para si quem ofendeu e as situações indispensáveis) e o aprendizado de que precisa – a vivência em seu próprio corpo – para nunca mais repetir esse erro. Poderá elaborar, equalizar e zerar as suas contas. E assim desfazer todos os nós, todos os blocos, e deixar a energia fluida e limpa entre elas.

Entenda que falar de paixão é uma coisa, viver a experiência da paixão é completamente diferente. Escutar histórias sobre um país é uma coisa, fazer uma viagem é outra vivência. Compreender que gerou dor no outro é uma coisa, sentir a dor na pele é adquirir um aprendizado inimaginável. Quando você vive, tem a vibração no corpo emocional, e é a união do corpo emocional com o corpo racional (mental inferior) que vai criar a massa para as coisas se materializarem. Ao falar isso, já estou adiantando o que só explicarei mais adiante neste livro: como as doenças se manifestam em nossos corpos e tudo o mais que desejamos, desde que esteja alinhado ao nosso projeto de vida, que está programado no nosso corpo mental superior.

Corpo búdico

É onde estão os registros de todas as nossas encarnações, de todas as experiências que vivemos, boas ou ruins – na verdade, nunca são ruins, porque tudo o que passamos nos traz conhecimentos e, consequentemente, ganho de consciência e evolução. Mesmo aquilo que praticamos de mal não pode ser assim considerado, porque era só o que sabíamos fazer dentro de nosso processo evolutivo.

Explicar o corpo búdico é um pouco subjetivo. Mas sabe aquilo que chamamos de *déjà-vu*? É aquela sensação de que já vivemos alguma situação ou já estivemos em algum lugar. Ela vem muito rápido e até tentamos lembrar do que se trata, mas não conseguimos. Quando isso acontece, é um breve acesso ao que está registrado no corpo búdico.

Mas, ora, por que não recordamos dessas experiências passadas? Por uma razão muito natural: se já é difícil lidar com algumas questões que acontecem na nossa infância ou com algum trauma, imagine se lembrássemos de todas as situações que já fizemos em vidas passadas ou que já fizeram conosco... Nossa evolução não andaria. Por isso, esse véu do esquecimento é tão importante. Nós só trazemos para esta vida o que estamos prontos para elaborar. Além disso, para conseguirmos ficar mais próximos da matéria e compor o nosso corpo físico, precisamos adensar as nossas vibrações, e isso também leva ao esquecimento.

▋ Corpo atma

É onde fica a centelha divina que existe dentro de cada um de nós, no espírito de luz pura. Imagine que esse corpo habita em todos, mas não está em local algum. Como pode isso? Vamos pensar numa semente dentro de uma laranja. Naquela sementinha, na verdade, existem todas as informações básicas, como se fosse um chip, para que ela se torne uma laranjeira. Então você a coloca na terra, rega, deixa que pegue sol. Após alguns dias, ela começa a brotar, e se você desenterrar e tentar encontrar a semente, vai ver que ela desapareceu. Só que agora existe um pequeno broto que está indo em direção ao sol, saindo da superfície da terra. E uma outra parte, a raiz, está indo para baixo. Todas as informações daquela semente estão em cada parte dessa pequena laranjeira que ainda está em desenvolvimento.

A centelha divina é essa parte que habita em todos nós, mas que não é possível ser encontrada. Ela é o chip, é a base de informação exata do ser humano e de todas as outras raças – assim como a semente da laranja, não podemos plantá-la e esperar que nasça um abacateiro. Então, para cada essência, para cada centelha divina, existe a informação primordial para que esses sete corpos se desenvolvam nos seres humanos, a partir desse corpo profundamente espiritual.

Embora também seja extremamente subjetivo, entenda que o atma é essa essência divina que manifestou todas as nossas vivências e experiências. Mas ela habita dentro de nós, em cada pedaço de todos os nossos corpos.

O equilíbrio é essencial

Agora que você já conheceu as características de cada um dos sete corpos, precisa entender que é importantíssimo que todos estejam muito bem alinhados. O problema é que, muitas vezes, toda essa estrutura fica bagunçada. E aí vem aquela clássica pergunta: "Se tudo já está dentro de mim, por que as coisas não estão dando certo?". Uma resposta inicial é que tudo funciona muito bem enquanto esses corpos estão extremamente alinhados. Por exemplo, quando o mental inferior está em equilíbrio com o emocional e alinhado ao mental superior, você conseguirá manifestar em sua vida aquilo que é para acontecer.

A grande questão é que o seu mental superior tem um planejamento para você, e não dá para fugir dele, porque você mesmo escolheu e combinou resolver certas questões, evoluir servindo ao mundo de tal maneira e desempenhando determinada missão. Mas a sua mente racional (mental inferior) começa a fazer outras coisas e a fugir daquilo que é o seu projeto de vida. Você passa a desejar o que o mundo quer, e não o que o seu coração quer. E pode, por exemplo, ficar vibrando ira, ódio, raiva... Assim, permanece desconectado: uma parte sua quer uma coisa e a outra parte quer outra.

E só dá para manifestar o seu projeto de vida – aquela semente que foi plantada dentro de você pela contraparte superior com a informação do que veio fazer aqui – estando 100% alinhado. O problema é que o nosso racional se perde. Então, muitas pessoas querem muitas coisas, porque seus pensamentos estão dominados pelo que o mundo está ditando. Viram na televisão, no amigo, e alimentam a crença de que aquilo é bom para elas porque foi bom para o outro. E quando as suas emoções estão desalinhadas com o seu querer, o que acontece? Surge a frustração, que gera uma vibração de dor, raiva, medo. Essa vibração vira uma massa, e essa massa vibra e vai atrair as situações semelhantes para a sua vida.

Já ouviu aquele ditado "quanto mais eu rezo, mais assombração me aparece"? É bem por aí, porque eu atraio o que está nessa massa emocional. Se eu fico querendo o que não

Quando você viver alinhado ao que precisa materializar, **NATURALMENTE VAI CONSEGUIR** tudo aquilo que é seu, para viver a experiência de que precisa

@espaco_humanidade

é meu, o que eu inventei na minha cabeça, o resultado pode ser o aparecimento dessa "assombração". Por exemplo, se uma pessoa foi embora da sua vida e você não aceita, e fica criando na sua cabeça a ilusão de que ela tem que voltar para você ser feliz, acabará atraindo mais sofrimento. Se ela tivesse que estar com você, ficaria. Se você não a deixa ir embora naturalmente, o Universo se encarrega disso, porque essa pessoa não está alinhada ao seu projeto de vida. Quando você viver alinhado ao que precisa materializar, naturalmente vai conseguir tudo aquilo que é seu, para viver a experiência de que precisa. "Reze", então, para acontecer exatamente o que precisa para evoluir, amar e servir, entendendo que pode se divertir e ser feliz nesse processo de aprender com suas experiências. Assim, evitará frustrações.

Por isso, querer o que não é seu ou não aceitar a vida como ela é faz com que você produza uma vibração completamente distorcida. E assim atrairá para a sua tudo aquilo capaz de gerar mais dor, como situações e pessoas com raiva, brigas, desavenças, acidentes... Então o que é preciso? Admitir que tudo o que lhe acontece é por algo maior que você não consegue compreender, e que é preciso ir para dentro de si para extrair os aprendizados necessários.

Nessa hora, podem surgir questionamentos, como: "O que eu tenho que viver em relação a isso?", "Por que estou passando por isso?" ou "O que eu posso tirar disso?". Mas saiba que não é você quem fará essas perguntas a Deus (ou ao Universo, se preferir chamar assim); é Ele quem pergunta para você. E você responderá a esse Deus que habita dentro de si (seu mental superior, sua centelha divina...) a partir da maneira como lida com as situações e como conduz a sua vida.

E entenda que se algo fizer bem para você, mas gerar dor no outro (no filho de Deus), não será o melhor caminho. Afinal, usando de uma analogia religiosa para ficar mais fácil, o pai não quer ver nenhum de seus filhos sofrendo. Se eu machuco o outro, estou gerando uma dor no Todo. Esse é o processo de aprendizado pelo qual a humanidade precisa passar.

Por fim, recapitulando a mensagem deste capítulo a respeito dos sete corpos e a materialização, toda vez que você atrair para a sua vida algo que não é tão positivo, é porque possivelmente está vibrando de forma desequilibrada, não aceitando a vida como ela é. Então, pare e olhe para o que está atraindo e questione-se sobre o que precisa entender com esse processo. A partir do momento que compreende isso, você conseguirá diferenciar os desejos de seu coração dos desejos do prazer do ego.

Mesmo que situações difíceis estejam acontecendo na sua vida, é importante perceber que trazemos muitas lições cármicas para serem elaboradas nesta existência, e missões também. Trabalhar com a missão que você escolheu não é tão fácil quanto parece, mas você terá de segui-la. Se fugir de sua missão, naturalmente vai entrar em profunda dor e a vida vai começar a não andar. Alinhe-se, então, com o que está registrado no seu corpo mental superior, porque esse será o caminho da sua evolução e felicidade.

Capítulo **3**

O EQUILÍBRIO DOS CHAKRAS

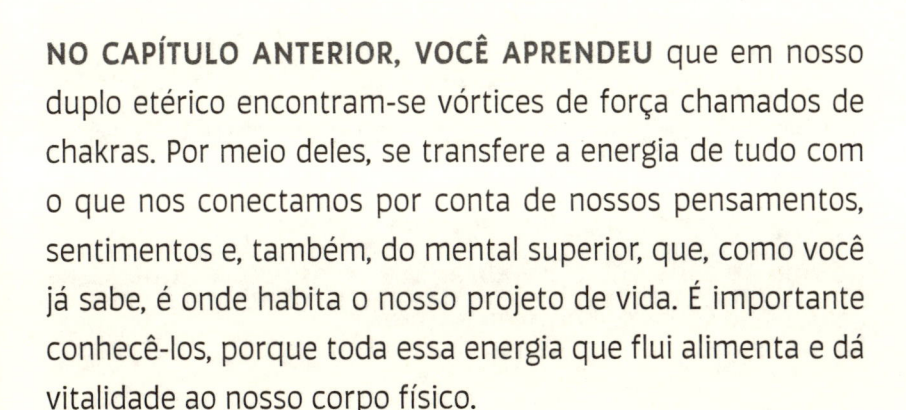

NO CAPÍTULO ANTERIOR, VOCÊ APRENDEU que em nosso duplo etérico encontram-se vórtices de força chamados de chakras. Por meio deles, se transfere a energia de tudo com o que nos conectamos por conta de nossos pensamentos, sentimentos e, também, do mental superior, que, como você já sabe, é onde habita o nosso projeto de vida. É importante conhecê-los, porque toda essa energia que flui alimenta e dá vitalidade ao nosso corpo físico.

Quando um chakra está em desequilíbrio, isso vai gerar uma falta ou um excesso de energia em determinados órgãos ou nas partes pelas quais ele é responsável, causando problemas em nosso corpo físico ou corpo emocional. Porém, entenda que essa responsabilidade não é dos chakras, e sim nossa. Isso porque eles só entram em desequilíbrio pela ação de nossos padrões espirituais, de pensamento (do corpo mental inferior) ou emocionais. Além disso, quando eles recebem uma energia fora do nosso padrão essencial (longe do projeto do mental superior), também se desequilibram. Por outro lado, quando nos alinhamos com a nossa missão de vida, eles ficam equilibrados e conseguem transferir a energia que nos dá vitalidade.

A partir desse entendimento, quando conseguimos identificar qual é o chakra que está funcionando mal, é possível entender o que pode estar ocorrendo de errado em nosso campo vibracional, no campo das emoções. E essa é uma leitura interessante que você mesmo pode fazer, pela auto-observação.

A seguir, conheça as principais características envolvidas no funcionamento de cada um dos sete chakras principais. E, em relação ao número de pétalas, entenda que a função delas é ficar girando e regulando o fluxo energético de entrada e saída de energia: se estiver em excesso, ele pode girar para um lado ou para o outro – cada caso é um caso. Não existe um chakra melhor ou pior, que roda mais rápido ou devagar. Isso vai depender de milhares de variáveis do próprio projeto de vida de cada um. O importante é compreender que esses centros de força se complementam.

Vamos a eles:

Chakra Básico

Cor: Vermelho

Localização: Região do períneo

Glândula associada: Suprarrenal

Número de pétalas: 4

Relação com o corpo físico: Coluna vertebral, rins, bexiga e a parte final do intestino

É o responsável pela absorção da energia telúrica (da terra), que nos dá a vitalidade. É ele que anima o nosso corpo físico, fornecendo vontade de viver e alimentando o nosso instinto de sobrevivência. Está associado a sentimentos de insegurança, agressão, sobrevivência e materialismo, assim como a atividades físicas e às necessidades básicas: paladar, tato, olfato, visão, sexo, sono e fome.

Quando está equilibrado, possuímos impulso para agir, consciência instintiva básica, proteção contra doenças virais e contagiosas, força, garra, determinação, persistência, dinamismo, agressividade controlada, coragem para conquistar e produzir, proporção da forma, forte afeição e devoção.

Mas, em desequilíbrio, nos tornamos egocêntricos, com preocupação exagerada, inexatidão, falta de coragem moral, paixões fortes, indolência, extravagância, insatisfação extrema, violência e agressividade. Perdemos o controle sobre a violência e apresentamos dispersão das energias, falta de objetividade, conflitos internos, aspereza, confusão de interesses, confusão sobre o que queremos, ideias grandiosas e falta de praticidade. Ficamos só "viajando", por não estarmos "aterrados".

No corpo físico, quando esse chakra está equilibrado, existe serenidade, ação adequada, força, confiança, pureza, exatidão, equilíbrio e altruísmo. Quando desequilibrado, podem surgir doenças ou sintomas como anemia, resfriados, paralisias, sexualidade reprimida ou excessiva, em total desequilíbrio, problemas de coluna, hemorroidas, depressão, agressividade, pressão alta ou baixa, astenia, melancolia, insuficiência renal, fadiga e dores lombares.

Chakra Sacral

Cor: Laranja

Localização: Dois dedos abaixo do umbigo

Glândula associada: Gônadas (testículos, nos homens; ovários, nas mulheres)

Pétalas: 6

Relação com o corpo físico: Órgãos reprodutores, sistema circulatório, rins e parte inferior do abdômen

Também conhecido como chakra sexual, é responsável pela manutenção do nosso prazer. Tudo o que nos dá alegria e satisfação no dia a dia o mantém equilibrado. Posso dizer que esse centro de força é o que nos dá tesão de viver, trabalhar, fazer atividade física, sair com os amigos e ter atividades de lazer. Quando levamos uma vida morna, vamos desequilibrando esse chakra e perdemos a vitalidade, gerando um desejo de não vida.

Para equilibrá-lo, então, precisamos ter prazer em tudo o que fazemos e encontrar maneiras de viver daquilo de que gostamos. Afinal, sexo é apenas uma das fontes de prazer, não a única. E quando começamos a ter satisfação em outras coisas, naturalmente, a sexualidade vai se equilibrando. Por outro lado, nas pessoas que cortam a vida sexual, a vontade de viver tende a diminuir.

Esse chakra também nos estimula a trabalhar com a criatividade, com Deus em ação – como todos temos Deus dentro de nós, somos cocriadores. Então, se não criamos, sofremos. E isso também está relacionado ao prazer: quando deixamos de usar a criatividade criadora, nos desestimulamos e paramos de ter satisfação, perdendo o desejo de estar vivos.

No emocional, quando equilibrado, gera capacidade de união sexual, procriação, coragem de viver, alegria instintiva, prazer físico, capacidade de planejamento, construção e poder para evoluir. Quando em desequilíbrio, surgem medo, falta de paixão, impotência física e emocional, tristeza, raiva, ódio, inveja, manipulação de energia astral para a própria satisfação material ou sexual, dominação pela sedução, hiperatividade sexual, baixa vitalidade, egoísmo, materialismo, orgulho, negação, frieza, isolamento, distração, obstinação e muita crítica.

Já na influência do físico, quando equilibrado, ocorrem tolerância, compaixão, alegria de viver, senso comum, precisão, compartilhamento e idealismo. Quando em desequilíbrio no físico, pode causar doença dos rins, distúrbios gástricos e intestinais, medo, alergias, má adaptabilidade, incapacidade de construção, perdas materiais na vida física, problemas hormonais, infertilidade, doenças do fígado, pâncreas, vesícula, rins e bexiga, perda de vitalidade, insegurança, problemas de menstruação e doenças sexuais.

Chakra do Plexo Solar

Cor: Amarelo

Localização: Boca do estômago

Glândula associada: Pâncreas

Pétalas: 10

Relação com o corpo físico: Sistemas fisiológico, digestivo, endócrino e nervoso, pâncreas, fígado, vesícula, baço, rins, suprarrenais e região mediana da espinha dorsal

É o chakra mais visceral, que regula as emoções dos nossos instintos inferiores (e não dos nossos sentimentos superiores). É um desejo que dá um frio na barriga... Um medo que dá uma dor de estômago... E isso desequilibra a flora intestinal. Assim, quando está bloqueado, causa enjoo, medo, irritação e raiva.

Na influência do emocional, quando esse chakra está equilibrado, entram em cena as seguintes características: impulso para vivenciar as emoções, tomar conhecimento do outro, colocar o ego no mundo expressando fortemente a qualidade do ser, orgulho bem usado, vontade forte para comando e liderança, poder de se relacionar e digerir o meio assimilado, amor à vida e abertura para experimentá-la com plenitude, com propósito definido de ação, intuição, ternura, boa vontade, reverência e lealdade.

Já quando está em desequilíbrio no campo emocional, surge o egoísmo: "é só o meu, só para mim, só para minha família, só o que eu quero". Acontece a negação da participação ativa da convivência, que é justamente mais uma atitude egoísta. Surgem amor possessivo, ciúmes, preconceito, cólera, ira mal-usada, enganos, poder que humilha o outro, conclusões precipitadas, julgar sem conhecer a história inteira, intransigência, timidez, ausência e falta de força para digerir a vida.

No físico, em equilíbrio, acontecem a integridade na ação, tolerância, serenidade, equilíbrio, flexibilidade, força, bons relacionamentos, pureza e abnegação. Quando desequilibrado, gera má digestão, ansiedade, diabetes, toxinas, problemas de assimilação, cálculos na vesícula e doenças ligadas ao metabolismo e ao sistema nervoso.

Chakra Cardíaco

Cor: Verde

Localização: Centro do peito

Glândula associada: Timo

Pétalas: 12

Relação com o corpo físico: Coração, pulmões, braços e mãos

Sua função é o amor e está ligado às emoções superiores, aos afetos e aos sentimentos. É muito importante, porque faz a divisão entre os três chakras inferiores e os três superiores. Ele fica no meio regulando o nosso campo energético de amor. Como ele está ligado à glândula timo, que é responsável pelo funcionamento do sistema imunológico, nossa saúde costuma funcionar bem quando estamos com o amor equilibrado e sentindo uma alegria no coração. É, portanto, o chakra mais afetado por qualquer desequilíbrio emocional.

Em relação à influência no emocional, quando ele está equilibrado, temos muito amor-próprio e pela humanidade, verdadeira compreensão da compaixão e benevolência, aceitação, disposição para o perdão, ajuda ao próximo, conscientização do outro e do grupo, bondade, consistência e vitalidade nas aspirações amorosas, sabedoria, visão intuitiva e aguçada, pacificação, ensinamentos e curas pelo amor e caridade, fé na vida e nas pessoas, temperamento ameno e inteligência transparente. Quando está em desequilíbrio, ocorrem baixa autoestima, frieza, embotamento da emoção, indiferença, desprezo, angústia, depressão, desespero, sentimento de inferioridade, dificuldade de integração, incapacidade de amar e de se emocionar, couraças e insatisfação.

No físico, quando está equilibrado, a vida física tem mais amor, mais altruísmo, aceitação e compaixão. Quando desequilibrado, podem aparecer doenças cardíacas, problemas em veias e vasos, distúrbios circulatórios e de pressão, problemas pulmonares, asma, bronquite, depressões, angústia, dores de cabeça e constipação intestinal.

Você sabe o que significam as 12 pétalas do chakra cardíaco? Cinco delas correspondem aos nossos cinco sentidos (tato, visão, paladar, olfato e audição), que já estão elaborados e bem trabalhados. Já as outras sete pétalas restantes referem-se, justamente, aos sete pecados capitais. Então, cinco são sentidos e sete são instintos, e todas formam as características do reino hominal – nós, homens, formamos esse reino em desenvolvimento.

Chakra Laríngeo

Cor: Azul claro

Localização: Garganta

Glândula associada: Tireoide

Pétalas: 16

Relação com o corpo físico: Garganta, órgãos respiratórios, pescoço, ombros, brônquios e voz

É o chakra da manifestação, da comunicação e da expressão. Mas não apenas pela fala e palavras, como também pela expressão corporal, sexual... Reflete todas as maneiras como nos manifestamos e nos comunicamos. É muito importante por ser a forma como expressamos a nossa verdade. Sua função fisiológica e espiritual é transferir a ideia por meio da fala, é manifestar o divino na Terra.

Por isso, o desequilíbrio nesse chakra costuma acontecer quando as pessoas não estão expressando esse divino em sua existência física. Querem fazer uma coisa, mas estão fazendo outra. Elas embotam as suas formas de manifestação e vão levando a vida que a família quis ou que a empresa permitiu, e não conseguem vivenciar o que desejam de verdade.

No campo emocional, quando equilibrado, temos sensibilidade e criatividade artística, dom da palavra, do conhecimento e de expressar a alma e a individualidade única divina, interpretação da sabedoria do coração, clariaudiência, intelecto claro e preciso, independência, justiça imparcial, idealização, entendimento e construção sábia a partir da fala. Sua influência emocional, quando está desequilibrado, se mostra pela tagarelice, má intenção, manipulação intelectual, verborragia, mentalidade e expressão tacanha e rude, pobreza de espírito, temperamento taciturno e rançoso, criticismo, preconceito, irreverência, deboche, depreciação dos sentimentos, atitudes extremamente racionais e orgulho do poder de expressão.

No físico, quando em equilíbrio, expressa a energia criadora única, que é a manifestação do divino, unindo os corpos superiores aos inferiores, entendimento, devoção, compaixão, amor, abertura para o espiritual e para o novo, transformação e calma. Em desequilíbrio, podem acontecer doenças da garganta, laringite, faringite, problemas de tireoide e paratireoide, doenças mentais, depressão, problemas da coluna cervical e dos dentes, distúrbio da fala, calo nas cordas vocais, falta de criatividade, covardia, timidez, doenças nervosas e fobia.

Chakra Frontal

Cor: Azul índigo (azul escuro)

Localização: Centro da testa

Glândula associada: Hipófise

Pétalas: 96

Relação com o corpo físico: Olhos, ouvido, nariz, maxilar superior, seios da face e parte do cérebro

Relaciona-se à nossa visão mais amplificada, quando enxergamos por trás das coisas e o que está na alma das pessoas. Amplia a nossa consciência, a nossa lucidez, para vermos o que é de verdade e qual a essência de tudo. Sua função é o conhecimento, a percepção, a intuição e a clarividência.

Desempenha um papel importantíssimo na vigília espiritual e em toda a química do corpo. Representa a expressão individualizada no nível da essência do eu perfeito, do Eu Superior. Além disso, também tem uma essencial relevância na expressão, na personalidade e, quando ativo, gera um indivíduo atraente e magnético, rico de recursos e com capacidade de liderança.

No emocional, quando esse chakra está equilibrado, vigora a percepção do indivíduo em relação ao universo que o cerca e ele tem entendimento do próprio caminho e senso do seu próprio destino, além da compreensão da motivação do outro (entende que o outro quer algo por alguma razão, que pode ser diferente da dele). Conta com percepção, intelecto aguçado, intuição, visão desenvolvida, fé, amplitude de pensamento, concentração, sabedoria que une a mente e a vida, clarividência, profecia, carisma e muito magnetismo. Já quando está desequilibrado no campo emocional, pode trazer dogmatismo, teimosia, obsessão por uma coisa, egoísmo, magia para o mal, maldade, manipulação consciente, poder de dominação, mente insidiosa e doentia, formalidade, intolerância, arrogância, autoindulgência, perda de fé, medo e sedução.

Então, tornam-se pessoas que são muito inteligentes, muito intelectualizadas, mas que utilizam isso para manipular o outro – que acaba se achando ignorante nesse jogo de manipulação. Em desequilíbrio, usam essa inteligência para conseguir o que querem, seja para o mal, seja simplesmente para o seu próprio prazer, para seu egoísmo. Podem ser pessoas muito teimosas, com a cabeça muito fechada, por isso o dogmatismo, e que não conseguem perceber que a religião do outro também é importante – pode não fazer sentido para elas, mas tem sua importância. Não conseguem abrir essa percepção.

No físico, quando esse chakra está equilibrado, acontecem: realização do eu, mentalidade aberta e expansiva, crescimento espiritual, entendimento dos próprios erros e dos erros dos outros, tolerância, humildade, suavidade e amor. Traz, ainda, liderança com grande poder magnético – são aqueles líderes que queremos seguir porque eles, realmente, ajudam no processo.

Já em desequilíbrio, no físico, podem surgir: rinite, sinusite, alergias, enxaquecas, problemas de ouvido, surdez, problemas dos olhos, cegueira, catarata, insanidade, depressão, rigidez, insônia e pesadelos. E por que podem acontecer problema nos olhos ou dores de cabeça? Quando desenvolvemos muito a nossa capacidade de percepção, começamos a ver muitas coisas, nem que seja uma percepção do nosso inconsciente. E isso sobrecarrega, porque faz com que venham imagens na mente, pensamentos fortes e com muita sintonia com o ambiente (para ajudar a aliviar isso, você vai aprender o Relaxamento Alfa Profundo, no Capítulo 15).

Chakra Coronário

Cor: Violeta ou branco

Localização: Topo da cabeça

Glândula associada: Pineal

Pétalas: 1.000

Relação com o corpo físico: Parte superior do cérebro, olhos, ouvidos, sistema imunológico e sistema endócrino

É o chakra que nos liga à consciência, às nossas conexões espirituais. Sua função, portanto, é a espiritualidade e a iluminação. Vale lembrar que somos seres espirituais vivendo uma experiência material. Porém, tem pessoas que se desconectam totalmente do espiritual e só ficam na matéria. Ao passo que há aquelas que vivem apenas do espiritual e se desconectam do físico. Nesses casos, há desequilíbrio.

É por esse centro de força que penetra a energia cósmica que também mantém a nossa vida. Além disso, ele carrega o nosso registro pessoal que nos conecta com todas as nossas parcelas sustentadas pela Presença Divina Eu Sou (o indivíduo completamente livre de toda limitação).

No corpo emocional, quando esse chakra está equilibrado, acontecem a realização do caminho da alma, capacidade de transformação, espiritualidade, espiritualização, entendimento do mais elevado, acesso ao Eu Superior, fé profunda e confiança na verdade, libertação da forma, destruição do imperfeito e servir com amor universal e dedicação. Mas entenda que libertação da forma não significa morte, e sim "não apego à forma", que é a compreensão de que há muito mais coisas do que só o que a matéria pode dar. Mesmo que nossa vida atual esteja no mundo físico, é preciso não ser apegado aos bens materiais.

E quando, no emocional, esse chakra está em desequilíbrio, podem ocorrer perda do sonho da alma, desencanto, insanidade, loucura, cristalização, negativismo, autopiedade, vitimização, separação, desconexão, dor da alma, sofrimento e agonia pela falta de entendimento da verdadeira dimensão do ser.

No físico, quando equilibrado, surgem libertação do ego, desapego, entendimento dos poderes espirituais, liberdade da materialidade, sabedoria iluminada, perda do medo da morte, coragem transcendente, comunhão com o todo e entendimento da eternidade da alma. Quando em desequilíbrio, podem acontecer depressão, insônia, problemas endócrinos, tumores, inflamação dos nervos, problemas nos ouvidos e nos olhos, problemas imunológicos e envelhecimento precoce.

Como você deve ter observado, o desequilíbrio de um chakra tende a desequilibrar os outros, porque é como se fosse uma grande engrenagem. Se uma das partes dessa engrenagem parar de rodar, atrapalha todas as outras. Mas saiba que, para equilibrar os chakras, o ideal é atuar na causa. Por exemplo, se o básico está em desequilíbrio, é preciso encontrar o padrão que provocou isso, como, por exemplo, um processo de tristeza ou depressão. Você pode até fazer um trabalho energético que traga mais energia para esse chakra, só que isso será como um analgésico. Na verdade, a cura dessa dor estará em trazer alegria para a sua vida. Senão, em pouco tempo, ele se desestabiliza de novo.

Mudar o padrão emocional e vibracional que causa o bloqueio energético nos chakras é essencial. A questão é que, às vezes, entramos em desequilíbrio emocional tão profundo a ponto de não conseguirmos mais sair desse padrão, e assim o chakra não consegue voltar ao seu equilíbrio natural. E aí começa um ciclo vicioso: nossa dor vai gerar mais desequilíbrio no chakra, o que consequentemente gerará mais dificuldade de sairmos da dor. E como nem sempre é fácil fazer essa transformação sozinho ou, simplesmente, pensar diferente, pode ser necessário passar por processos terapêuticos, que nos facilitarão nessa tarefa de fazer aquilo que já sabemos que precisamos, mas ainda não conseguimos.

O importante é compreender que todos nós estamos caminhando no desenvolvimento e na elaboração desses chakras. Por isso, é natural que tenhamos alguns desequilíbrios, porque ora estamos lá em cima, ora lá embaixo. Afinal, somos seres em fase de aperfeiçoamento e aprendizado. E, com toda essa consciência que estamos adquirindo, uma hora chegaremos ao tão necessário e desejado equilíbrio.

Capítulo 4

O CAMPO ÁURICO

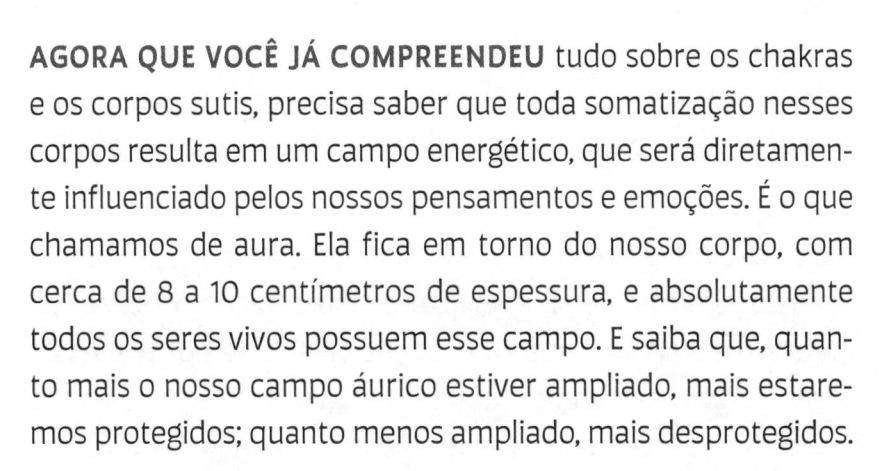

AGORA QUE VOCÊ JÁ COMPREENDEU tudo sobre os chakras e os corpos sutis, precisa saber que toda somatização nesses corpos resulta em um campo energético, que será diretamente influenciado pelos nossos pensamentos e emoções. É o que chamamos de aura. Ela fica em torno do nosso corpo, com cerca de 8 a 10 centímetros de espessura, e absolutamente todos os seres vivos possuem esse campo. E saiba que, quanto mais o nosso campo áurico estiver ampliado, mais estaremos protegidos; quanto menos ampliado, mais desprotegidos.

O que eu quero dizer com isso? Quanto mais relaxado e confiante você estiver, seu campo vai ser tão grande que, graças a esse posicionamento energético, não dará espaço para a energia negativa de uma pessoa o invadir. Porém, o oposto também acontece... No primeiro capítulo, eu expliquei sobre perigo e medo. O perigo é real, o mal é real, mas o medo não. Ele é um estado. E o que acontece é que esse estado de medo, além de não permitir que a sua mente racional consiga pensar em uma saída segura diante de uma situação de real perigo, também deixa você muito mais vulnerável quando não está acontecendo nada fisicamente real – mesmo assim, você fica apavorado se vai ser assaltado, se alguma pessoa vai invadir a sua casa, se vai ter o que comer, se vai ser abandonado... Esse comportamento diminui o seu campo áurico. E sabe qual é o resultado? Você permite que o outro invada muito mais o seu campo.

O problema é que, por trás de tudo, sempre existe o medo. Por exemplo, quando uma pessoa está com muita raiva ou quando é muito mandona e enfrenta tudo, no fundo ela tem medo de que alguém avance sobre um determinado campo de sua vida que possa mexer em alguma dor, fazendo-a relembrar de situações que foram muito difíceis. Agir de maneira raivosa ou autoritária é, no fundo, uma defesa. Afinal, ninguém gosta que toquem em feridas que ainda sangram.

Só que, nesse estado, a aura encolhe. E, infelizmente, a maioria das pessoas, no dia a dia, sentem medo o tempo inteiro. Como já mencionei, quanto mais houver esse sentimento, mais elas terão seus espaços invadidos, porque estão diminuindo o seu campo áurico. Imagine que você está no seu trabalho e se sente muito relaxado e confiante. Ou seja, seu campo áurico está bem expandido. Mas aí o seu chefe se aproxima e começa a lhe dar uma bronca, porque você fez algo errado. Nesse momento, você começa a ficar com medo – medo de perder o emprego, de não ter mais dinheiro para pagar as suas contas, de ter que tirar seu filho da escola particular... Seu campo, diante do abalo emocional, começa a diminuir. E, conforme isso acontece, aquela distância entre você e o seu chefe vai ficando cada vez menor. Ele, então, passa a invadir o seu campo e a provocá-lo energética e até fisicamente. E o resultado é o aumento do medo. Quanto mais assédio você sofrer, mais a sua aura vai ficando machucada, deteriorada.

É assim que você permite que o seu campo se torne mais acessível à invasão energética do outro. Seja ele encarnado ou desencarnado, seja em uma briga física ou em um processo energético espiritual. Porém, quanto mais corajoso você for, a sua aura ampliada vai lhe proteger. Ao ter confiança de que a vida é como é, e não do jeito que você quer que ela seja – e, principalmente, de que tudo está certo do jeito que acontece –, não correrá o risco de perder o controle. Mas, se o medo se instalar, as pernas enfraquecem, você sente enjoo, frio na barriga, boca seca... Essas sensações corporais chegam porque o seu campo energético está todo bagunçado. E se esse estado se torna uma constante, podem acontecer dores de cabeça, taquicardia e outros problemas mais sérios, porque você está gastando uma grande quantidade de energia para ter sustentação, já que seu campo áurico não o protege de toda essa invasão.

Outra questão muito importante nesse processo de enfraquecimento é que ele não se dá apenas nos assédios físicos e energéticos, mas também nos espirituais. Ao você abrir brechas pelo medo, pode permitir a invasão de seu campo por um espírito desencarnado, que faz isso por ter, realmente, consciência da maldade que está praticando ou por chegar perto de você por afinidade de padrão vibratório para roubo energético (ele é só dependente da energia do outro). E esse é mais um motivo para buscar afastar o medo de sua vida, porque ele destrói a malha etérica à sua volta, assim como certos comportamentos como uso de drogas, pensamentos negativos, raiva, tristeza, dor...

Além disso, outra ameaça à sua aura é quando você reza pedindo algo que deseja profundamente, sem saber quem irá atendê-lo e o que vai querer em troca. Por isso, é importante respeitar o processo de que a vida é como é e estar sempre pronto para acolher o que ela lhe dá – e eu repetirei essa regra de ouro várias vezes ao longo deste livro –, em vez de ficar fazendo trocas espirituais e energéticas com seres que depois vão cobrar com o magnetismo, desconstruindo o seu processo áurico e deixando você vulnerável.

Como surgem os medos?

Quando nós nascemos, não temos medo algum. Simplesmente, manifestamos a nossa essência, a nossa natureza, dentro do processo da criação. Só que, com o decorrer do tempo, os temores vão se instalando. E isso acontece a partir da nossa própria educação, que com frequência tem como objetivo nos controlar.

Quando éramos crianças sapecas, nossos pais ou avós diziam: "Fique quietinho aqui, porque senão o homem do saco vai te pegar". Dessa forma, eles mantinham o controle sobre nós, para que ficássemos sempre por perto. Os pais não faziam por mal, mas era fruto, também, de um medo que eles tinham de perder o filho, já que a criança ainda não entende dos perigos. E na época escolar, ouvíamos: "Cuidado com a loira do banheiro". Essa lenda urbana fazia com que os alunos não pedissem toda hora para ir ao banheiro. De uma certa maneira, era mais um medo sendo instalado. Só que, a partir daí, vamos carregando esse peso por toda a nossa vida.

Provavelmente, se eu perguntar para você se o medo tem alguma função em sua vida, sua resposta será: "Sim, o medo é bom porque nos protege". É aí que está o problema: isso também foi implantado na sua cabeça. Na verdade, o que o protege não é o medo, e sim o bom senso. O que faz com que você não se debruce em uma janela ou que não atravesse a rua correndo não é o seu instinto de preservação. Isso é uma característica do reino hominal que habita em nós: sempre buscaremos proteger a nossa vida. Com o decorrer da evolução da nossa consciência, podemos chamar esse instinto de bom senso. Enquanto você acreditar que o medo é algo importante para a sua vida, será facilmente controlado.

Vou dar mais um exemplo do quanto o medo atrapalha. Imagine que você está no seu carro parado no semáforo, relaxadamente ouvindo uma música enquanto espera o sinal verde. Mas aí vem andando em sua direção uma pessoa que, pelas suas próprias crenças, tem uma aparência criminosa. E você pensa: "Será que eu fecho o vidro ou acelero?". Quanto mais ela se aproxima, mais você sente medo. Começa a tremer e pode até se urinar. Até que a pessoa finalmente anuncia: "Passa tudo, é um assalto!". E então? Esse medo protegeu você de ser assaltado? Não. Portanto, você precisa desconstruir isso. O medo só vai fazer com que o seu campo áurico diminua e que o outro tenha muito mais poder sobre você.

Passar a sua vida com esse sentimento não vai ajudar em nada. Pelo contrário: trará um monte de reações ao seu corpo. Na região do nosso cérebro chamada reptiliana (ou primitiva), existem as amígdalas, que são responsáveis pela nossa reação instintiva de lutar ou fugir. Essa é uma herança da nossa ancestralidade, quando era preciso fugir de uma luta para não morrer ou guerrear para comer. Só que, até hoje, passamos os dias pensando assim: "Tenho medo da bronca do chefe, porque posso 'morrer'" (perder o emprego, ficar sem dinheiro, não ter casa para morar...).

Em última instância, em camadas bem profundas, o que temos é o medo da morte. Ou melhor, da ausência da vida e, por outro lado, também da plenitude da vida. O que nos traz a sensação de morte? Falta de comida, de água, de abrigo e, sobretudo, falta de amor. Ninguém consegue viver sem amor porque é a frequência da vida. Por isso, quando não nos sentimos acolhidos, é uma espécie de morte. No outro extremo, também há o medo da plenitude da vida. Ou seja: de ser tudo aquilo que podemos ser. É quando, por exemplo, você vai dar um passo que sabe que o tornará tão grande, brilhante, precioso, a ponto de receber tanto valor e tanto amor, que acaba se deixando invadir pelo temor de ser julgado. Mas, ao vencer esse medo, a aura aumenta e você consegue tomar o seu espaço. Assim, o medo da ausência da vida encolhe a alma e o da plenitude da vida a expande. É como um ciclo que precisa, em ambos os casos, ser curado com o amor.

Quando você mergulha em um processo de autoconhecimento – como o que está fazendo agora ao ler este livro –, começa a entender que não faz sentido ter tanto medo. Não é mais preciso, porque desenvolve um processo de confiança.

Claro que, quando a situação for de risco real, é natural o temor. Mas não dá para ter receio de situações irreais, como achar que o seu chefe ou seu marido vai lutar com você. Quem passa o tempo inteiro arisco, considerando que está sendo atacado, vai desregular todo o seu organismo e encolher o campo áurico.

Conforme você for se conhecendo, relaxando, fazendo processos de meditação, não entrará mais em tantos conflitos. Porém, pode estar pensando agora: "Ah, eu não consigo... Quando vejo, já falei, já reagi, já briguei...". Pode acreditar que, com o autoconhecimento, você terá uma percepção melhor e não entrará em batalhas com tanta facilidade. Com exercícios de relaxamento contínuos, diários e profundos (que serão ensinados na Parte 3), você diminuirá o tamanho das amígdalas em seu cérebro – e vai parar de querer lutar ou fugir – e aumentar a oxigenação, aprimorando a capacidade do seu córtex frontal.

Essa área do cérebro é a única profundamente humana, responsável por nos fazer perceber a vida e olhar para as coisas. Nada abalará você com tanta facilidade. Antes de tomar uma atitude, como estará mais relaxado, terá um tempo de respiro. Não reagirá pura e simplesmente, porque, nesses segundos de respiro, encontrará a melhor resposta para quem está à sua volta. E, naturalmente, por questões energéticas, vai se colocar em situações menos complexas e menos difíceis de resolver.

Acima de tudo, é extremamente importante entender que, com o autoconhecimento, o entendimento de como as coisas funcionam e as atividades de respiração e meditação que vou propor mais adiante, o seu campo áurico se ampliará. Além disso, você também fará uma musculatura cerebral, modificando a estrutura do seu cérebro para que ele possa criar outras trilhas neurais que o afastem de frequências vibratórias capazes de desregular o seu corpo físico, gerando a somatização de alguma doença e a abertura de brechas para energias intrusas.

Vença os paradigmas e mude a sua vida

Pense em uma pessoa extremamente estimulada a ter medo de assaltos – de seu carro, de sua casa, de seu celular... Isso vai fazer com que, facilmente, o vendedor de seguros a conquiste como cliente. Mas atenção: não estou dizendo que ter um seguro é ruim, e sim que, às vezes, as pessoas gastam o que não têm para se sentirem protegidas. Não se pode viver o tempo inteiro com medo de que alguma coisa de ruim acontecerá com os seus bens materiais. Se você entende que precisa pagar por um seguro, faça isso. Mas não fique o tempo todo criando uma condição mental de que será assaltado, porque é aí que mora o perigo.

Entenda que a mente, sozinha, não cria nada. Mas, quando você a alimenta sentindo medo, cria a possibilidade de algo ruim realmente acontecer. Portanto, não vibre no medo para não dar essa condição. Se você quiser ter um plano de saúde, pense: "Vou pagar por um convênio porque eu posso". Não é para ficar vibrando que vai ficar doente. O mesmo vale para quem fica guardando dinheiro "para o dia em que faltar". Pode ser que a escassez não faça parte do seu plano nesta encarnação, mas já está dando chances energéticas para isso acontecer.

Por que será que lidamos com essa dor prévia, com esse medo, se isso nunca foi real em nossas vidas? "Ah, mas foi real na vida da minha mãe, na da minha vó ou de alguém que me contou". Não necessariamente essa é a sua história. O que é seu é seu, o que é do outro é do outro. Talvez ele tenha precisado viver aquela experiência por alguma lição cármica, e o seu processo reencarnatório é único e diferente do que a outra pessoa viveu. Você tem as suas próprias questões para trabalhar nesta existência.

Então, o que eu quero que fique bem claro é: o que você tiver que passar, com medo ou sem medo, invariavelmente vai passar. Nutrir esse sentimento não vai livrá-lo de nada. Muito pelo contrário, só vai deixá-lo mais fraco ao passar pelos desafios. E, estando com menos energia, a dificuldade tende a se instalar. Mas, se tiver coragem para encarar o que a vida lhe trouxer, mesmo que seja por razões que desconheça, vai enfrentar tudo com energia e cabeça erguida. O seu sistema precisa rodar de maneira que seja o amor e a alegria que o impulsionem, e não o medo.

Todos nós estamos, igualmente, caminhando no processo de evolução, e isso não precisa ser sofrido. A partir de agora, precisamos construir algo que nos impulsione pelo prazer, pelo amor, pelo respeito, e não mais pelo medo. Senão, todo tipo de manipulação acontece, seja de ordem espiritual, energética ou física, seja, até mesmo, de ordem governamental ou comercial. O medo é um gatilho perfeito para você fazer o que o outro quer. É hora, então, de termos uma vida impulsionada pela alegria, pela beleza, pela diversão – tudo o que seja ausente de medo, do que não faz mais sentido nesse momento evolutivo em que nos encontramos.

Para você entender melhor por que precisamos mudar e vencer paradigmas, existe uma história sobre uma mulher que preparava o peixe sempre da mesma maneira: cortando o rabo e a cabeça. Um dia, o marido perguntou: "Por que você corta o rabo e a cabeça?". E ela respondeu: "Eu não sei, essa era a receita. Eu vou perguntar para a minha mãe". E a mãe lhe disse: "Não sei, a sua avó que me ensinou. Pergunte para ela". Quando a mulher foi levar o seu questionamento até a avó, ouviu: "Eu não sei, minha mãe é quem sabe". Ao perguntar para a bisavó, obteve finalmente a resposta: "A gente cortava assim porque, na época, só tínhamos uma travessa para ir ao forno, e nela não cabiam o rabo e a cabeça".

O que eu quero dizer com isso? Aprenda a questionar aquilo que vem sendo passado de geração em geração e ainda lhe causa medo. Refletir é função do reino hominal. Use essa capacidade para analisar o que pode ser mais produtivo para a sua vida, sua alegria, sua felicidade. Se você está habituado a ficar parado em um único lugar, com medo de ir além, saiba que isso pode torná-lo um prisioneiro, impedindo-o de voar. Pensar de uma maneira diferente lhe proporcionará voos muito mais altos.

Capítulo 5

TEMPERAMENTOS E ELEMENTOS

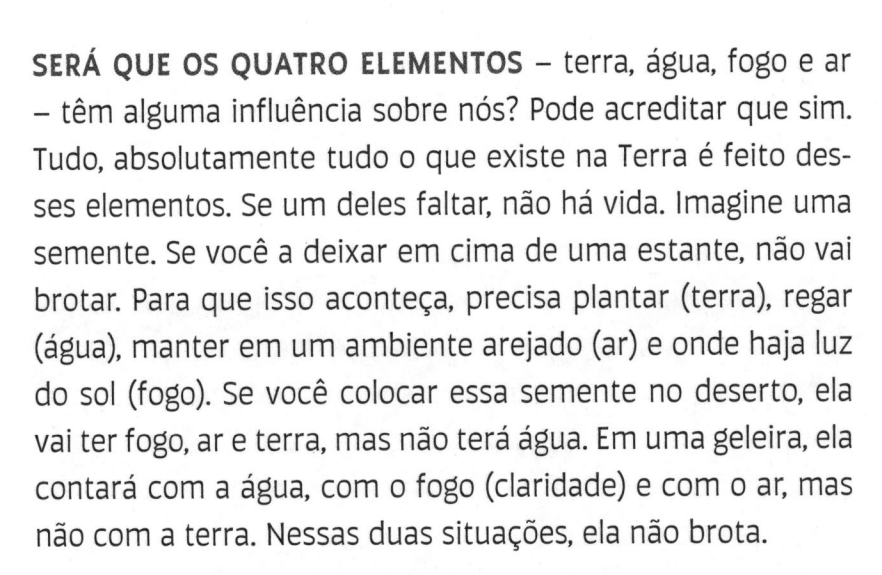

SERÁ QUE OS QUATRO ELEMENTOS – terra, água, fogo e ar – têm alguma influência sobre nós? Pode acreditar que sim. Tudo, absolutamente tudo o que existe na Terra é feito desses elementos. Se um deles faltar, não há vida. Imagine uma semente. Se você a deixar em cima de uma estante, não vai brotar. Para que isso aconteça, precisa plantar (terra), regar (água), manter em um ambiente arejado (ar) e onde haja luz do sol (fogo). Se você colocar essa semente no deserto, ela vai ter fogo, ar e terra, mas não terá água. Em uma geleira, ela contará com a água, com o fogo (claridade) e com o ar, mas não com a terra. Nessas duas situações, ela não brota.

Portanto, esses quatro elementos são a base da vida no planeta. E quando eu falo de terra, água, fogo e ar, também me refiro ao potencial de hidrogênio, nitrogênio, carbono e oxigênio. Mas por que será que eu trouxe os elementos da tabela periódica para esse assunto? Ora, antes de eu entender sobre os elementos, achava que era algo muito subjetivo. Mas, quando comecei a estudar mais profundamente, vi que eles estão na composição do nosso próprio corpo.

Vou explicar melhor... Na água, há a presença de oxigênio; no ar, de nitrogênio; no fogo, de hidrogênio; e na terra, de carbono. E todas as células do nosso organismo são compostas por esses quatro elementos químicos. Consequentemente, o nosso corpo físico é feito de água, terra, fogo e ar. O que eu quero dizer com isso é que, para haver a materialização na Terra, esses quatro elementos são essenciais.

No processo reencarnatório, desenhamos o nosso projeto de vida e, em cima dele, será definido qual o corpo de que precisamos para conseguir cumpri-lo. Será feita nossa matriz para dar início à materialização. E então o que acontece? O ser tem um pulso de vida, que vai passar pelo cinturão zodiacal, composto pelos planetas que possuem suas forças. Nesse contato com os planetas, eles serão regentes das variações do nosso campo energético e da nossa composição física, nos potencializando em determinadas forças. Assim, no momento exato do nascimento, estaremos com um signo regente, que é o nosso signo solar. Ele traz a nossa maior composição, a nossa maior força, porque corresponde exatamente ao momento da explosão, da materialização, quando toda a matéria completa vem à tona. E nesse signo está uma grande parte do nosso campo essencial.

Agora, vou mostrar para você como cada um dos quatro elementos se manifesta no signo solar, fazendo com que as pessoas tenham a sua essência para manifestar. Mas quero que fique claro que existem outras variações importantes, como signo ascendente, lua, etc. A astrologia vê a nossa composição como um todo. Só que, aqui, vou trabalhar especificamente com o essencial, porque, quando eu construo o meu corpo com todas as forças, uma delas fica mais potente, mais latente. E essa é a força do nosso signo solar, do momento da nossa materialização, do dia exato da nossa chegada ao planeta Terra. Isso movimenta milhares de forças em torno de nós mesmos. Então, vamos ver qual é a emoção primordial de cada um desses elementos.

Elemento fogo

Signos: Áries, Leão e Sagitário

Naturalmente, são pessoas mais rápidas nas decisões. Mais impulsivas, resolvidas, energéticas, vigorosas, excitadas, inquietas, agitadas, determinadas. Isso é da natureza do elemento fogo. E a emoção primordial dessa natureza é a ira. É ela que faz o fogo se movimentar.

Eu, por exemplo, sou uma pessoa de Leão. Então, costumo ser vigorosa. E qual é a principal função do fogo? Queimar. Por isso, é natural que as pessoas que são regidas por esse elemento "queimem". São aquelas que, de repente, falam uma coisa sem nem pensar. Mas não é que sejam desequilibradas... O que acontece é que, quando alguém de Áries, Leão ou Sagitário é colocado à prova de surpresa, vai responder com o elemento primordial dele, que é a sua essência. É isso o que o move e protege.

Quem pertence ao fogo construiu o seu corpo com uma quantidade maior desse elemento. Assim, quando vai fazer qualquer coisa, o que o movimenta é a ira. Pode estar levando sua vida tranquilamente, mas, se algo o irritar, entra em movimento para usar a força desse elemento que habita dentro de si, para destruir aquilo que entende que está gerando a dor – nele ou no outro.

No meu caso, quando alguém me traz alguma questão e eu percebo que ali há uma ignorância (no sentido de ingenuidade, de a pessoa não saber mesmo...), me sinto muito incomodada e irritada. Então, eu crio um mecanismo para destruir esse sentimento, movida pelo meu elemento fogo. Não tenho vontade de destruir a pessoa, e sim a ignorância geradora de dor, que, invariavelmente, gera dor em mim por conta do meu projeto de vida, que é cuidar do outro e transmitir conhecimento.

Lembre-se de que nós construímos esse corpo para elaborar nossas lições cármicas e os nossos processos missionários. Por isso, cada um se percebe dentro da sua essência e como vai se manifestar. Se você sabe que é deste elemento – ou seja, naturalmente irado e do tipo "ih, falei" –, precisa entender que é de sua natureza o fogo queimar. Não fique bravo consigo mesmo, pensando: "Ai, não devia ter dito".

Isso vale também para pessoas dos outros elementos quando têm que lidar com arianos, leoninos e sagitarianos. É preciso entender que eles não falam as coisas por mal e não têm a intenção de ferir alguém de propósito. Agem assim, simplesmente, porque algo os machucou e, por conta do elemento primordial deles, vão queimar. Se agirem de forma diferente disso, é sinal de desequilíbrio – físico mesmo, porque começa a desestabilizar um componente celular que leva ao processo de materialização das doenças, pois não estão agindo de acordo com a sua essência.

Pessoas do elemento fogo vão deixando tudo para a última hora porque precisam da motivação da ira para fazer as coisas, de algo do mundo que as provoque. E isso pode vir de uma pessoa que conhecem, como o marido ou a esposa, ou do trânsito, ou de qualquer outra situação que as mova. Então, a ira não é ruim, e sim algo que abre caminhos. Vamos pensar em uma floresta. Quando o fogo queima, o que ele faz? Desbrava caminhos no meio da mata, com toda a sua impulsividade. O problema é que, ao olhar para trás, o que vem à cabeça é: "Ih, queimou, destruí tudo". Mas entenda que isso é da natureza desses coléricos, que são naturalmente impulsivos. Quem for dos outros elementos não faz, não consegue abrir esse caminho. Mas, depois, quem é de fogo, vai precisar das pessoas de terra, água e ar para ajudar a arrumar, a apagar o fogo, a construir a terra e a estabelecer a alegria naquele ambiente que foi aberto.

Pessoas desse elemento são, naturalmente, impulsivas, decididas, que vão para cima da vida até "queimar". Quando elas têm essa percepção sobre si mesmas, não ficam tão chateadas. Entendem que não podem ir contra a sua natureza, senão sofrem e se desequilibram. Se você é uma delas, o ideal é começar a usar esse elemento a seu favor, reconhecendo que essa explosão é natural para provocar um movimento. Quando a ira acontece, invariavelmente você irá fazer algo, ainda que, por vezes, de forma estabanada. E depois que "queimar", é só consertar, contando com a ajuda das pessoas dos outros elementos para que, em conjunto, restabeleçam o equilíbrio.

Elemento terra

Signos: Touro, Virgem e Capricórnio

Pessoas desse elemento são, naturalmente, mais melancólicas. Mas isso não é algo ruim. O que quero dizer é que são mais quietas, introvertidas e tímidas, não expondo tanto seus sentimentos. Costumam ser mais desconfiadas, críticas e caprichosas, fazendo tudo nos mínimos detalhes. E, por isso, às vezes tornam-se irritáveis.

Vamos, porém, tirar todo o julgamento: essas são características extremamente importantes. Fazendo um paralelo com as pessoas do elemento fogo, lembre-se de que elas vão "queimar", dizendo: "Ah, está bom assim mesmo! Se eu ficar esperando para ficar tudo perfeito, não faço nunca". Ou seja, não se preocupam com os detalhes, aumentando as chances de que algo saia errado. Por isso, é essencial ter ao lado delas alguém que seja mais detalhista, como a pessoa de terra. Só que, quando a de terra apontar os erros, como vai ficar a de fogo? Irada. Mas, uma vez sentindo-se assim, ela se movimenta para consertar o que é preciso. Entende o que quero dizer? É a união desses elementos, dessas pessoas, que faz com que aconteça tudo o que é necessário.

Se você é de terra, saiba que a sua principal emoção é a tristeza. "Não, mas eu não sou triste", você pode tentar se justificar. O que estou dizendo é que esse é o sentimento que movimenta a pessoa de Touro, Virgem ou Capricórnio. Quando ela vê alguém para baixo, tende a fazer algum movimento. Pode ser organizar alguma coisa ou preparar algo com mais capricho e delicadeza para tirar aquela pessoa da tristeza. Vai fazer de tudo para não ver o mundo triste. E vai torná-lo um lugar melhor, porque quer acabar com essa emoção.

Todos nós somos essenciais e precisamos estar na nossa essência, sem nos culpar e sem culpar o outro.
Quando aceitamos isso, as nossas relações mudam, porque entendemos que mãe, marido, filho, amigo ou chefe estão fazendo o melhor deles.

@espaco_humanidade

A tristeza move a pessoa de terra a fazer diferente. Ela pode até ficar arrasada com a situação alheia. Mas vai para casa, se acalma e fica tentando encontrar um jeito para se movimentar e acabar com aquela infelicidade. Por isso, quando alguém desse elemento fica melancólico, no canto dele, ele está buscando dentro de si algum movimento para acabar com a tristeza de quem ama. É a maneira que encontra para aterrar, para trazer os pensamentos para a matéria.

Então, se você convive com quem é de terra, não fique se culpando ao vê-lo mais melancólico. E nem o julgue, achando que ele precisa ser mais extrovertido. Assim, só fará com que fuja de sua essência, de ser o que é. Por exemplo, uma pessoa de fogo que vive com uma de terra tem que entender que esta tem as suas características, a sua natureza e a sua maneira de ver o mundo e de reagir a ele. Ninguém tem que mudar. Todos temos que aproveitar o nosso essencial, porque o mundo precisa de todas as essências manifestadas.

Elemento ar

Signos: Gêmeos, Libra e Aquário

Este elemento é o mais sanguíneo. Ou seja, quem é de ar mostra-se mais extrovertido, ativo, comunicativo, prático, contente, gentil. Gosta de mudança e de brilhar. Sabe aquelas pessoas que, quando você conhece – mesmo que por pouco tempo –, parece que já são amigos há anos? São as dos signos de Gêmeos, Libra e Aquário! Isso porque são mais expansivas e movidas pela alegria. Quando estão em grupo, mexem com todo mundo, contam piada, fazem a festa. A alegria é o que as move.

Além disso, o que o ar faz? Invade, passa por qualquer brecha. Então, quem tem esse elemento costuma chegar na sua casa e, um pouco depois, já está abrindo a geladeira e falando com todo mundo. Vai invadindo. E daqui a pouco já está deitado na sua cama. É da natureza dele, não é que seja uma pessoa ruim. Mas imagine-a junto a alguém de terra... Vai forçar a amizade com o objetivo de tornar o introspectivo mais alegre. Só que terra se incomodará com essa invasão tão grande do ar. Quando conhecemos as essências que estão nos elementos, naturalmente não vamos mais querer mudar o outro, assim como seremos capazes de mostrar ao outro que ele não pode nos modificar. É a união dessas forças que faz tudo acontecer.

Se o seu signo solar é do elemento ar, talvez possa estar se questionando: "Ué, mas eu não sou assim...". Nesse caso, precisa observar se não está preso dentro do "tem que", podando a sua essência. "Eu não vou dançar, brincar, cantar, porque isso não é algo de gente respeitada. Se eu quiser ser promovido, não posso fazer brincadeiras". Ou seja: *tem de* ser sério! Não estou dizendo aqui que você deva fazer brincadeiras estúpidas, mas sim que não pode negar a sua essência. Para o elemento ar, é muito importante ser movido pela alegria – tanto ficar contente quanto fazer os outros ficarem. Assim, chacoalham as energias densas para o ar, eliminando as tristezas e os maus pensamentos.

Então, onde tem uma baguncinha, a pessoa de ar está lá, feliz. Para alguns mais introvertidos, isso vai ser extremamente irritante: "Para um pouco, pelo amor de Deus! Você brinca com tudo, você não leva nada a sério". Mas não é isso... Apenas é a maneira de ela ser. E se passar dos limites – como ter um ataque de riso dentro de um tribunal –, as pessoas dos outros elementos podem gentilmente falar: "Agora não é hora disso...". Assim, todos se reconhecem dentro desse processo.

▌ Elemento água

Signos: Câncer, Escorpião e Peixes

Este é o mais fleumático. Pessoas desse elemento gostam de rotina e são, naturalmente, mais calmas, tranquilas, prudentes, pacientes, observadoras e acomodadas, no sentido de serem mais vagarosas. E isso não é ruim, e sim, simplesmente, a natureza da água. Esse elemento é emocional. Por isso, cancerianos, escorpianos e piscianos podem chorar com mais facilidade.

Tem gente que pode falar: "Mas pessoas de escorpião não são emotivas". Sim, o escorpiano é de água, só que é uma água fervendo! Então, o emocional dele funciona assim: apaixona-se, briga, xinga, quer matar. É muita emoção. Já o canceriano chora. E o pisciano é mais fluido, mais vagaroso, e gosta de fazer um drama em alguns momentos. Internamente, é o mais dramático do elemento água. Olha para a situação e fala: "Meu Deus, o que vai ser?". A ideia é que todos evoluam, buscando o equilíbrio, mas esses diferentes tipos de emoção são naturais para esses signos solares.

E qual é a principal emoção da pessoa com o elemento água? O medo. É o que a movimenta. Quando acontece algo que a deixa ficar com medo (medo de perder alguém, de alguma coisa dar errado...), ela naturalmente age para mudar aquela situação. Além disso, esse sentimento faz com que os nascidos sob os signos de Peixes, Câncer e Escorpião sejam mais precavidos. Diante das situações, costumam criar um plano A e um plano B, porque se recusam a serem pegos desprevenidos.

O medo ativa as suas emoções para que eles gerem um movimento ou para que coloquem para fora seu choro, expressem sua emoção tão exacerbada, que é de sua natureza. Isso, nesse caso, não é bom nem ruim. É extremamente importante para o elemento água para evitar desequilíbrios.

Elementos em harmonia

Agora, veja como se dá essa mistura de elementos. Imagine uma terra bem terra, onde só tem fogo. O que vai acontecer com ela? Vai ficando rígida, muito firme, muito pé no chão. Vai ser preciso colocar um pouquinho de água, um pouquinho desse medo, dessa emoção, para essa terra conseguir amolecer e ficar mais fácil de lidar. Em seguida, entra o ar para arejar – arejar a cabeça, conversar. O que eu quero que você perceba é que a união dos elementos é o que dá equilíbrio ao todo. Seja no trabalho, em nosso relacionamento afetivo ou no relacionamento com os familiares, quanto mais tivermos essa percepção e aceitar que o outro é daquele jeito, de maneira essencial, não vamos querer mudá-lo porque compreenderemos que aquele é o melhor dele. Não dá para querer que o fogo seja ativado pelo medo; isso tem que acontecer pela ira. E não dá para esperar que a tristeza ative a alegria do ar.

É importante entender isso: dentro de uma estrutura, precisamos daquelas pessoas que abrem caminhos, daquelas que nos trazem para a terra... Se você for muito ar ou muito água, ficará voando ou sentindo demais, e possivelmente não vai conseguir materializar aquilo de que precisava. Essas pessoas necessitam de quem? Do fogo para ir lá e fazer. E depois os da terra vão lá ajustar os detalhes.

Quando um virginiano aponta o erro, o fogo vai ficar com raiva, a água vai sentir medo, o ar vai perder a alegria... Mas todos começarão a fazer um movimento, cada um contribuindo para a materialização do que é necessário para que o todo se manifeste. E muda tudo quando você entende isso...

Então, o objetivo aqui é que você reflita bastante sobre o que foi falado neste capítulo e identifique quem é você. Se estiver muito diferente de sua essência, tente voltar para ela. O mesmo vale se perceber isso nas pessoas que ama... Ajude-as a se reconectarem com quem elas são. Caso contrário, o seu composto celular – e o delas – vai desequilibrar e isso vai trazer problemas de saúde. Se, por exemplo, alguém dos signos de Áries, Leão ou Sagitário começa a apagar a sua ira, o seu impulso, parando de fazer as coisas porque dizem que não pode por ser feio, vai apagar o seu fogo. Assim, invariavelmente, são abertas brechas para o aparecimento de doenças.

Estar em equilíbrio com o seu elemento o mantém saudável. Lembre-se: cada um é único e tem as suas variações. Quando entender quem é você em essência – e também compreender quem são os outros em essência –, passará a respeitar a si mesmo e a todos que o cercam. Se o fogo falar o que der em sua cabeça, não é para magoar você. Se o terra ficar no canto dele, ele não está bravo com você. Se o ar passar dos limites da alegria, é para não entrar em profunda dor. E se o água chorar demais, é porque precisa expressar a sua emoção para que o medo não o consuma.

As pessoas são como são e precisam se amar exatamente dessa maneira. Para isso, devem se conhecer e parar de julgar o medo, a raiva, a alegria ou a melancolia como coisas ruins. Tudo isso nos movimenta para que possamos manifestar a nossa essência na Terra.

@espaco_humanidade

Não tem elemento melhor ou pior, não tem signo melhor ou pior. Todos nós somos essenciais e precisamos estar na nossa essência, sem nos culpar e sem culpar o outro. Quando aceitamos isso, as nossas relações mudam, porque entendemos que mãe, marido, filho, amigo ou chefe estão fazendo o melhor deles. Às vezes, de forma um pouco desequilibrada, às vezes com um pouco de excesso, mas livres de julgamentos. As pessoas são como são e precisam se amar exatamente dessa maneira. Para isso, devem se conhecer e parar de julgar o medo, a raiva, a alegria ou a melancolia como coisas ruins. Tudo isso nos movimenta para que possamos manifestar a nossa essência na Terra.

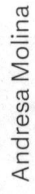

PARTE 2

Aceite-se e Ajude-se

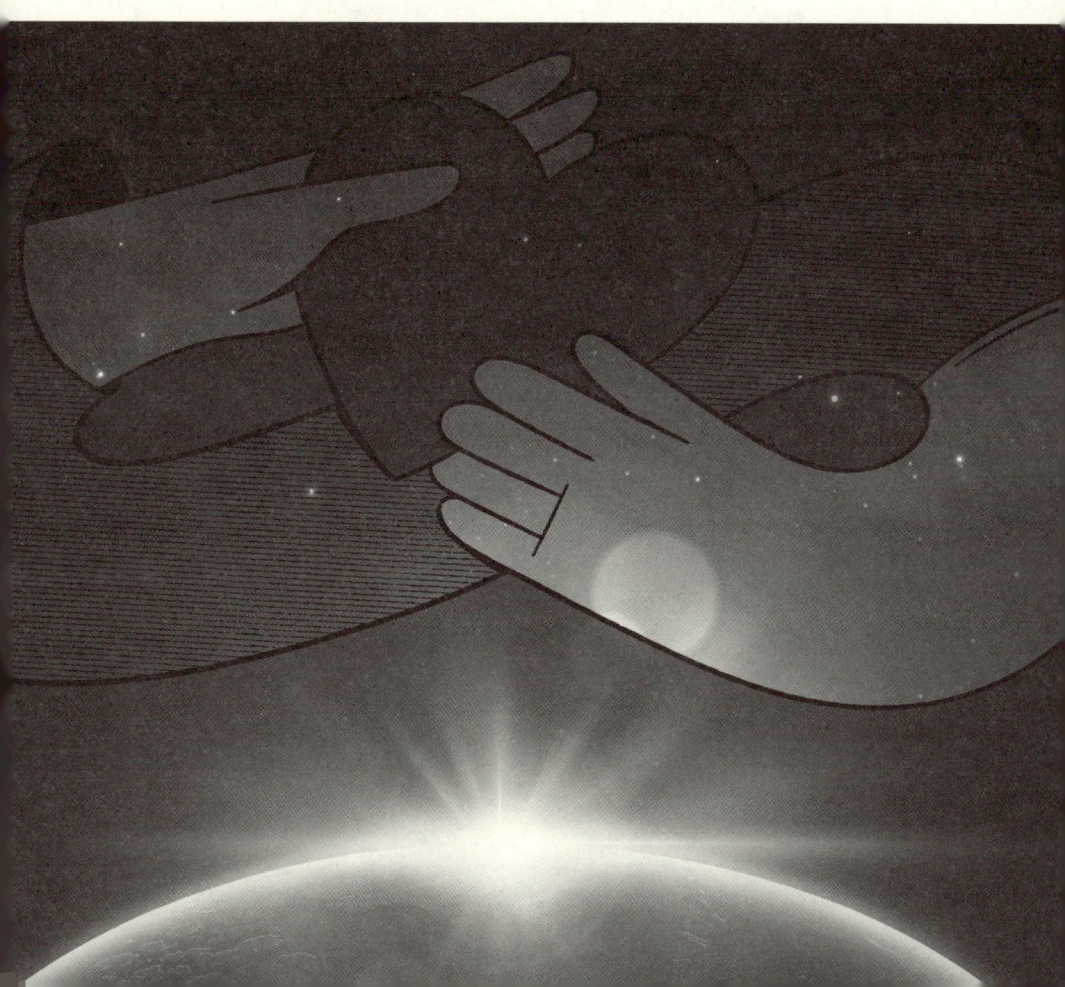

CAPÍTULO 6

PECADOS E JULGAMENTOS

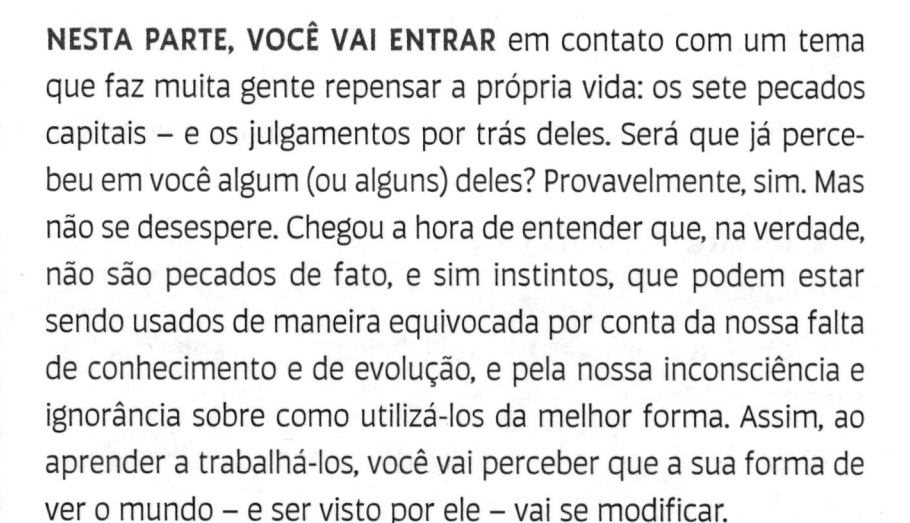

NESTA PARTE, VOCÊ VAI ENTRAR em contato com um tema que faz muita gente repensar a própria vida: os sete pecados capitais – e os julgamentos por trás deles. Será que já percebeu em você algum (ou alguns) deles? Provavelmente, sim. Mas não se desespere. Chegou a hora de entender que, na verdade, não são pecados de fato, e sim instintos, que podem estar sendo usados de maneira equivocada por conta da nossa falta de conhecimento e de evolução, e pela nossa inconsciência e ignorância sobre como utilizá-los da melhor forma. Assim, ao aprender a trabalhá-los, você vai perceber que a sua forma de ver o mundo – e ser visto por ele – vai se modificar.

Agora, você deve estar se perguntando: "Como é que não são pecados? Eu venho de um processo religioso que trata os sete pecados como coisas muito ruins". O meu convite é que você troque esse julgamento pela percepção de que eles são instintos, os quais devemos aprender a equilibrar – da mesma maneira como acontece com os nossos chakras.

Como você já aprendeu no Capítulo 3, esses centros de força estão localizados no nosso corpo duplo etérico, e é por onde nós transmitimos e recebemos energia. Aqui, vamos relacionar os sete pecados capitais aos sete principais chakras.

Mas, antes de entrarmos em cada um desses instintos, é preciso que você entenda o que é um reino em desenvolvimento do ponto de vista dos nossos chakras. Vamos analisá-los de baixo para cima:

1º Chakra (Básico) – Está ligado ao reino mineral e ao elemento terra.

2º Chakra (Sacral) – Está ligado ao reino vegetal e ao elemento água.

3º Chakra (Plexo solar) – Está ligado ao reino animal e ao elemento fogo.

4º Chakra (Cardíaco) – Está ligado ao reino hominal e ao elemento ar.

5º Chakra (Laríngeo) – Está ligado ao reino angelical e ao elemento éter.

6º Chakra (Frontal) – Está ligado ao reino dos semideuses e a todos os elementos.

7º Chakra (Coronário) – Está ligado ao reino dos deuses e a todos os elementos.

Então, como você pode perceber, estamos em evolução, na busca pelo equilíbrio de todos os reinos que habitam em nós e de todos os elementos. Entenda que tudo coabita em nosso ser; não tem um elemento ou um reino melhor ou pior. Todos estão em nós. Voltando a atenção para o nosso chakra cardíaco, saiba que não precisamos mais elaborar os cinco sentidos. Por exemplo, quando abrimos os olhos, enxergamos. Não há mais o que se trabalhar quanto a isso. Já os nossos instintos, que são os sete pecados capitais, é o que precisamos desenvolver.

Nos capítulos a seguir, explicarei um a um, para você ter a compreensão de como está acontecendo toda essa evolução e o quanto é importante identificar esses processos dentro de si, para poder se melhorar. Porém, entenda: nesse processo de autocura, você não deve controlar ou excluir nenhum dos seus instintos, mas sim buscar utilizá-los de maneira positiva. Acredite: todos eles têm um lado negativo e um positivo. E, com a consciência que você está adquirindo, vai identificar em qual momento está usando o seu instinto de modo positivo ou negativo.

Lembre-se: todos nós estamos no mesmo barco. É a humanidade que está evoluindo como um todo, e não uma pessoa em separado. Por isso, quando você busca o seu desenvolvimento, trabalha para o desenvolvimento do todo. Quando ganha consciência, trabalha a consciência para o todo. E o contrário também acontece: quando o todo vai ganhando consciência, ele atua para a evolução da sua consciência também. Somos todos um!

É importante ter esse entendimento para que fique mais fácil o não julgamento. Estou sempre falando, ao longo deste livro, para você não se condenar em relação a determinados aspectos. Então, vou explicar em seguida cada um dos instintos – os nossos pecados –, para que identifique quais estão em desequilíbrio em você, levando-o a se julgar e a se condenar. E o que você precisa fazer agora é justamente entender cada um deles, ganhar consciência, para, assim, parar de se condenar. Vamos lá?

Lembre-se: todos nós estamos no mesmo barco. É a humanidade que está evoluindo como um todo, e não uma pessoa em separado. Por isso, quando você busca o seu desenvolvimento, trabalha para o desenvolvimento do todo. Quando ganha consciência, trabalha a consciência para o todo. E o contrário também acontece: quando o todo vai ganhando consciência, ele atua para a evolução da sua consciência também. Somos todos um!

@espaco_humanidade

Capítulo 7

O ORGULHO

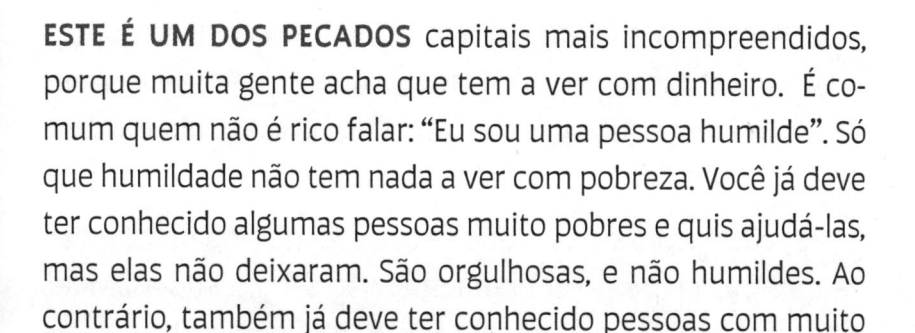

ESTE É UM DOS PECADOS capitais mais incompreendidos, porque muita gente acha que tem a ver com dinheiro. É comum quem não é rico falar: "Eu sou uma pessoa humilde". Só que humildade não tem nada a ver com pobreza. Você já deve ter conhecido algumas pessoas muito pobres e quis ajudá-las, mas elas não deixaram. São orgulhosas, e não humildes. Ao contrário, também já deve ter conhecido pessoas com muito dinheiro e bastante humildes.

Mas por que decidi começar por esse pecado (ou instinto)? Porque tenho sempre como premissa o fato de que precisamos ver a vida como ela é, e não através da ilusão que criamos em nossa mente. E o orgulho faz exatamente isso com as pessoas: elas vivem dentro de uma ilusão, em vez de olharem para a realidade.

Esse instinto pode ser mal-usado de duas maneiras: para cima e para baixo. Para cima, é quando você se considera muito melhor do que as outras pessoas e acredita que elas devam fazer tudo por você. Para baixo, é quando se enxerga de maneira inferior, como alguém ruim, fraco e incapaz de conseguir o que deseja. Nos dois casos, existe apenas um julgamento em relação a si próprio, mas ambos são ilusões da sua cabeça. Você cria isso e vive dentro do que não é real. Trata-se de uma forma-pensamento longe da realidade, gerada, às vezes, por intermédio da mídia: ou você quer ser especial para cima, para todo mundo o enxergar, ou especial para baixo, para todo mundo te ver como um coitado.

Em geral, essas pessoas que se veem como incríveis e maravilhosas ficam sentadas no sofá, esperando o dia em que alguém descubra como são geniais. E, enquanto isso não acontece, permanecem nessa posição porque se acham especiais. Não é incomum que se sintam incompreendidas, porque ninguém sabe lhes dar valor. Mesmo que tenham algo valioso para colocar para fora, para trazer ao mundo, não o fazem porque estão dominadas pelo orgulho.

Por outro lado, aquelas que se colocam do lado oposto, deixam os outros passarem por cima. Não sabem impor limites e "quebram a cara". São maltratadas e se comportam como se fossem um pano de chão. E o que esperar nesse caso? Que as pessoas lavem, coloquem amaciante, passem, dobrem e guardem na gaveta? Claro que não. Um pano de chão nunca será tratado com esse respeito. Ou seja, quem tem não tem orgulho, jamais receberá tamanha consideração porque não tem brio. E, dessa forma, a vida não flui.

Como usar esse instinto de maneira positiva

Qual seria o lado positivo do orgulho? É ser essência, ser essencial. É quando você vive o que realmente é, e não a ilusão que criou. Quando eu sei o que de fato sou, manifesto isso no mundo. Quando reconheço o valor que tenho e descubro alguma coisa incrível, eu não sou um gênio incompreendido, e sim alguém que vai utilizar os seus talentos e potencialidades para o bem de todos. Dessa maneira, estou sendo essencial. Estou manifestando a minha essência para o mundo.

E do lado oposto, quando a pessoa se vê menor do que realmente é, coloca o seu orgulho no chão. Ela não se orgulha de sua essência e pensa que ser do jeito que é não é válido, é ruim. O bom, o ideal é ser outra coisa, é estar nos melhores cargos, é ter uma determinada vida ou ser extremamente inteligente dentro do que ela julga ser importante. Se é assim que você se sente, entenda que ao usar o lado positivo desse instinto, perceberá a importância e o valor da sua verdadeira essência. E você precisa manifestá-la independentemente do seu cargo, função, status, cultura ou peso social. Todo mundo é essencial.

Para que o grande dono de uma empresa seja a mente que gera tantos empregos, cargos e salários capazes de sustentar famílias, ele precisa da sua equipe. Inclusive a pessoa que trabalha em sua casa faz parte dessa equipe. Se ao acordar, ele tiver que fazer todas as funções domésticas, não sobrará tempo para tomar as grandes decisões que impactam a vida das famílias dos seus colaboradores. O funcionário que cuida da casa e da alimentação é tão essencial quanto o dono da empresa e faz parte de toda essa engrenagem.

Ser essencial é colocar o seu melhor para fora, aquilo no que você é bom. Não importa se é um cargo que você entenda como superior ou inferior – tudo isso é só julgamento. E esse julgamento é o que faz com que você fique cego e não perceba a grandiosidade de tudo. Entenda: nós precisamos ser essenciais! Somente assim assumimos o "eu sou o que eu sou".

É preciso tirar esse véu que você mesmo colocou. Pode ser que se sinta infeliz por uma única razão: não aceita ou não consegue ver valor em ser quem você é. Faltam amor-próprio e autoaceitação. E acredita que, para ser amado, deveria ser diferente.

Essa é a sua dor, a minha dor e a dor da humanidade. Quando começamos a olhar para isso de uma maneira mais equilibrada, com a lente limpa, ajustada, conseguimos perceber em qual momento estamos usando o orgulho de maneira equivocada, nos jogando no ralo, sem qualquer consideração por si mesmo, ou nas alturas, como se fossemos mais especiais que as outras pessoas.

Então, ser essencial é um orgulho bem usado. É quando você faz seu trabalho com alegria e consegue reverter uma situação ruim, ajudar uma pessoa, resolver um problema, porque usou o melhor de si. No meu caso, tenho esse sentimento quando coloco uma aula na internet e as pessoas entendem, ou quando faço um tratamento no meu assistido e ele melhora. Fazer bem o meu trabalho me deixa muito orgulhosa. Ou seja, uso o lado positivo do instinto: eu me orgulho de ser quem eu sou, da minha essência.

Tenha em mente: ser essencial é muito mais importante do que ser especial. E todos nós somos essenciais. Então, qual é o objetivo para viver melhor com esse pecado? É reconhecer, compreender, buscar a sua essência. E, para ser o que você

> O trabalho – seja qual for a sua profissão – é o servir, é ser essencial para o próximo e para todos, de acordo com as características e competências com que cada um se construiu. Isso é ser essencial.

@espaco_humanidade

é, não precisa fazer força. Talvez, agora, você se coloque no papel de vítima e se sinta um incompreendido: "Ninguém me ama, nada dá certo". Mas, se isso está acontecendo realmente, é porque você não está trazendo para o mundo a sua essência, o seu servir. O trabalho – seja qual for a sua profissão – é o servir, é ser essencial para o próximo e para todos, de acordo com as características e competências com que cada um se construiu. Isso é ser essencial.

Por fim, lembre-se: toda vez que você quer ser algo que não é, porque criou em sua cabeça que aquilo é o bom, deixa de ser essencial e começa a entrar em um processo de sofrimento. Você para de se enxergar. Não permita que o orgulho vede os seus olhos.

Teste: Em qual área da sua vida o orgulho está mais latente?

Marque sim ou não nas perguntas a seguir e, conforme o número de respostas positivas, você conseguirá identificar onde este pecado interfere no seu dia a dia.

Responda com sinceridade.

Relacionamento

Você se considera melhor do que as outras pessoas?

☐ Sim   ☐ Não

Você é muito exigente e considera que ninguém serve para você?

☐ Sim   ☐ Não

Você despreza as pessoas que não podem lhe oferecer nada?

☐ Sim ☐ Não

■ Saúde

Você esconde os problemas de saúde?

☐ Sim ☐ Não

Você não procura e não aceita ajuda para suas dificuldades na saúde?

☐ Sim ☐ Não

Você vê a sua enfermidade com desprezo?

☐ Sim ☐ Não

■ Financeiro

Você usa o dinheiro para se mostrar superior aos outros?

☐ Sim ☐ Não

Você valoriza o *status* e quer estar sempre por cima nas situações?

☐ Sim ☐ Não

■ Família

Você aparenta estar sempre bem para não demonstrar vulnerabilidade?

☐ Sim ☐ Não

Você se sente especial?
☐ Sim   ☐ Não

Você tem dificuldade de se colocar a serviço do outro?
☐ Sim   ☐ Não

Meditação para equilibrar o seu orgulho

Coloque-se numa posição confortável, em um ambiente silencioso, e aponte seu celular para o QR Code da p. 191, para que eu possa conduzi-lo nesta meditação.

Capítulo 8

A AVAREZA

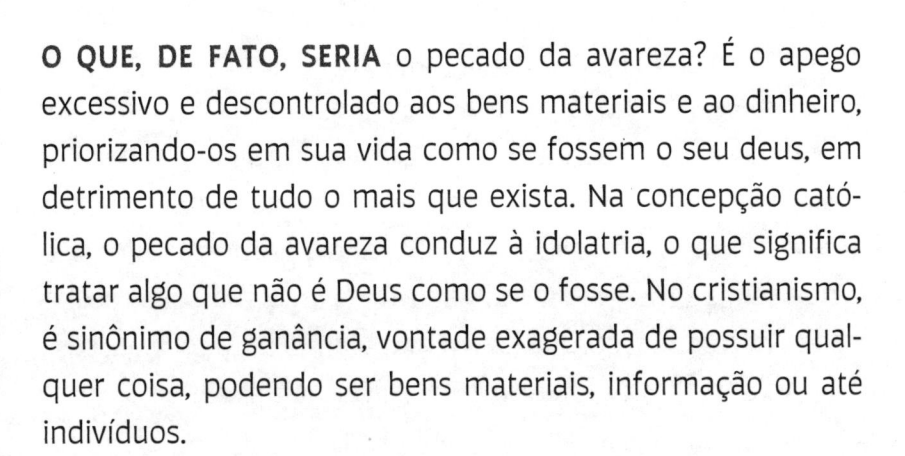

O QUE, DE FATO, SERIA o pecado da avareza? É o apego excessivo e descontrolado aos bens materiais e ao dinheiro, priorizando-os em sua vida como se fossem o seu deus, em detrimento de tudo o mais que exista. Na concepção católica, o pecado da avareza conduz à idolatria, o que significa tratar algo que não é Deus como se o fosse. No cristianismo, é sinônimo de ganância, vontade exagerada de possuir qualquer coisa, podendo ser bens materiais, informação ou até indivíduos.

De fato, a pessoa avarenta é apegada a determinadas coisas – e a maioria se apega ao dinheiro –, mas ela também pode ter apego a alguma pessoa, considerando-a como o que há de mais importante. Quando isso acontece, o avarento prende o outro e, como consequência, acaba prendendo a si mesmo. E mais: quando esse deus – seja o dinheiro, seja alguém específico – não estiver mais em sua vida, ele pode até enlouquecer.

Outra característica desse instinto é ser apegado a não se expor e a não oferecer. Quando alguém segura tudo de si e não se entrega, acaba se tornando avarento. Por exemplo, quando você não sorri para alguém que precisa, está vivendo esse pecado. Quando tem uma palavra para dar e guarda para si, está sendo avarento. Quando trabalha de forma mediana, sabendo que poderia fazer melhor, também vibra na avareza porque não entrega tudo o que pode. Ou seja, você se apega àquilo que é seu e não o entrega para a vida e, ao mesmo tempo, deseja receber tudo do mundo. Mas prepare-se, pois receberá em troca o equivalente ao pouco que entregou por conta de sua avareza.

Isso faz parte do dar e receber. Você receberá o tanto que for capaz de dar. Mas não adianta fazer mais apenas para receber mais, porque isso é manipulação. Nesse caso, você vai cair na avareza aliada ao orgulho: "Farei para ele me dar em troca". Isso não é dar, isso é sugar. A intenção que está por trás é o grande diferencial, é a frequência primordial. Por isso é que tem gente que diz: "Eu faço, faço, faço, mas não recebo nada em troca". É porque está manipulando para receber, sem de fato entregar tudo com amor e livre de apegos.

Como usar esse instinto de maneira positiva

Eu entendo que pode ser um pouco difícil, mas vou dar um exemplo de como usar a avareza de maneira positiva: você tem que ofertar. Quanto mais você dá, quanto mais entrega, menos avarento é. Quanto mais você segura, mais avarento é. E isso vale para tudo, não apenas para o dinheiro.

Então, quando você estiver numa roda de amigos e sentir vontade, do nada, de passar a mão respeitosamente no braço de algum deles, siga o seu coração. Quando você retém, está sendo avarento. Não tenha medo do que os outros vão dizer. Como essa vontade às vezes surge de repente, sem explicação, pode ser que aquele amigo esteja precisando justamente desse afago e você nem tinha ideia.

Pessoas que sentem muita dor e que estão em processos depressivos, a ponto de pensarem em suicídio, costumam ter vontade de fazer algumas coisas, mas as retêm. Por consequência, também não recebem. E, quando alguém tenta fazer algo por elas, também não aceitam. Mas não é por maldade... É por preocupação com o julgamento alheio. Deixam de fazer o que querem e perdem a oportunidade de se conectarem por medo do que os outros vão pensar. Só que, energeticamente e espiritualmente, tudo está conectado. Por isso, quando sentir vontade de fazer algo por alguém, realize-a transfira o seu magnetismo. Pode ser que tenha um campo energético que precisa se estabelecer ali ou algum trabalho espiritual acontecendo, e a pessoa necessita, simplesmente, receber um carinho, uma palavra, um sorriso, um telefonema ou até mesmo uma bronca. Não seja avarento. Entregue-se.

O lado positivo da avareza implica em entregar-se ao outro ou à vida. Você está servindo com tudo o que tem, entregando a sua essência? Não segure o desejo de fazer algo pelo outro. Como ele vai receber, é problema dele. Se não entender, quem precisa de tratamento é ele. Agora, se você não reconhecer a sua necessidade de entrega e deixar de usar o lado bom da avareza, vai acabar ficando muito triste.

Eu não permito que isso aconteça em minha vida. Um dos meus melhores pecados é a avareza, mas no sentido positivo. Eu gosto de me entregar, de falar, de conversar. Não meço as palavras: mesmo quando estou brava, transmito o que sinto. Mas preciso tomar cuidado para não entrar na avareza negativa. Por exemplo: posso receber um cliente e ficar falando com ele por duas horas e meia, passando tudo o que sei, enquanto ele só desejava uma ajuda e não um curso. Nesse caso, acabo sendo orgulhosa também, por estar jogando todo o meu conhecimento em cima da pessoa sem que fosse a expectativa dela.

O importante, então, é você observar quando é a hora certa de se entregar. Não guarde para si o que pode dividir com o outro. Assim, viverá esse instinto da melhor maneira possível.

Teste: Em qual área da sua vida a avareza está mais latente?

Marque sim ou não nas perguntas a seguir e, conforme o número de respostas positivas, você conseguirá identificar onde este pecado interfere no seu dia a dia.

▎ Relacionamento

Você economiza amor, atitudes ou guarda sentimentos do outro?

☐ Sim   ☐ Não

Você tem medo de se entregar por completo?

☐ Sim ☐ Não

▎Saúde

Você olha para o preço do alimento e não para o seu valor nutricional?

☐ Sim ☐ Não

Você olha para a saúde ou para a doença como algo pesado, e não como um cuidado?

☐ Sim ☐ Não

▎Financeiro

Você tem apego, desespero ou esconde dinheiro?

☐ Sim ☐ Não

Você sofre ou tem dó do dinheiro?

☐ Sim ☐ Não

▎Família

Você tem medo de ser generoso ou presente na sua família?

☐ Sim ☐ Não

Você se envolve verdadeiramente com sua família?

☐ Sim ☐ Não

> **Meditação para equilibrar a sua avareza**
>
> Coloque-se numa posição confortável, em um ambiente silencioso, e aponte seu celular para o QR Code da p. 191 para que eu o conduza nesta meditação.

Capítulo 9

A LUXÚRIA

TODO MUNDO PENSA QUE LUXÚRIA tem a ver somente com sexualidade, promiscuidade e desejos sexuais. Mas, na verdade, este pecado se refere a tudo o que traga prazer – e o sexo é apenas uma das maneiras. Quando mal-usada, você fica só no seu prazer e não quer fazer outra coisa da vida. Não aceita abdicar das suas satisfações por nada, nem por ninguém. Luxúria, portanto, é o desejo passional e egoísta por todo prazer corporal e material, que também pode ser entendida em seu sentido original: "deixar-se dominar pelas paixões".

Inúmeras pessoas taxadas de preguiçosas, porque não querem fazer nada, são, na verdade, luxuriosas, porque simplesmente se recusam a realizar o que, para elas, não é prazeroso. Você conhece alguém que faz um monte de coisas, mas não consegue dar continuidade em nada? Essa não é uma característica de um preguiçoso, mas de alguém que comete o pecado da luxúria: só faz o que lhe dá prazer. Quando aquela tarefa ou atividade não oferece satisfação, é abandonada. Outra polaridade negativa da luxúria é não conseguir sentir prazer. Ou melhor, a pessoa não se permite sentir prazer, ser feliz, se divertir, ter alegria... São pensamentos recorrentes: "Vou ficar aí sentado sem fazer nada, só me divertindo?" ou "Primeiro a obrigação, depois a diversão". É uma pessoa que não se permite desfrutar das pequenas coisas, muito menos das grandes. Isso pode desencadear um processo de dificuldade de prazer sexual e problemas na libido, já que a obrigação vem sempre em primeiro lugar.

Para piorar, quando a luxúria é associada ao orgulho, você vai ser aquela pessoa que, sexualmente falando, acha que ninguém lhe dá prazer, que ninguém é melhor do que você se tocando. Assim, passa a negar o outro e não se entrega. E se a avareza entrar em cena, você vai achar que o outro não é bom o suficiente e não se permitirá sentir prazer. Já deu para perceber que os pecados se interligam, não é mesmo?

A luxúria negativa também pode dar lugar à culpa. Afinal, existem tantas imagens que associam o prazer a coisas pecaminosas. E como você vai ter prazer com uma coisa que condena tanto? Muita gente programa a sua vida dessa maneira: "Não posso sentir prazer porque não é algo positivo". E isso em todas as formas, não apenas a sexual.

Existe um outro aspecto da luxúria que é mais comum do que se imagina. Quando se tem um dia ruim no trabalho, o que muitas pessoas fazem? Saem com os amigos para tomar uma cervejinha na *happy hour*. Ao agirem assim, estão dizendo ao seu sistema: depois da tempestade, vem a bonança; depois de um dia estressante, vem o prazer. O mesmo acontece quando um casal tem uma briga e, assim que fazem as pazes, vem a celebração: uma noite de amor incrível. A mensagem agora é: eu brigo, mas depois é maravilhoso.

Quem se comporta assim por um período – que nem precisa ser tão longo – vai programar isso para a vida inteira. A ordem dada ao sistema é: crie um dia bem difícil, porque depois eu vou celebrar com algo que me dê prazer. E ele vai passar a cumprir isso automaticamente, sem nem passar pelo seu racional. Então, a luxúria mal-usada também está ligada a não tolerar frustrações ou contrariedades. Quando você fica muito bravo porque a vida o contrariou, isso mexe no seu prazer. E tudo o que tira o seu prazer gera dor.

É como a criança que chora ao ter que parar de brincar, de tomar um sorvete ou de ver televisão. Ela fica irritada porque o seu prazer foi retirado. É uma infantilidade. Assim, em tese, o luxurioso é um ser infantil, que precisa compensar suas frustrações e contrariedades com outro prazer.

Como usar esse instinto de maneira positiva

Um dos primeiros aspectos da luxúria positiva é você entender que os momentos de celebração precisam ser aliados a fatos que merecem realmente ser celebrados, e não a alívios prazerosos. É acolher a vida como ela é. Você precisa programar o seu sistema inteiro para sentir prazer depois de um belo dia. Entenda isso no exemplo do trabalhador: "Depois de todo esse estresse, só quero saber de ir para casa descansar, recuperar minhas energias, e não celebrar na *happy hour*.

Deixa para outra ocasião". E quanto ao casal: "Nós estamos brigados, então hoje não vamos namorar. Primeiro, vamos nos acertar e, no dia em que estiver tudo bem, vamos celebrar com esse prazer".

Se você fizer isso, depois de um período a sua vida começa a mudar, já que todo o seu sistema vai produzir coisas boas para que sejam celebradas – e não mais fatos ruins para serem aliviados com algum prazer. Celebre as suas pequenas vitórias, celebre os bons dias! Assim, vai reprogramar seu corpo, sua alma, sua estrutura... No primeiro momento, pode ser difícil, porque vai existir uma espécie de crise de abstinência em relação ao que estava habituado. Mas quando, por exemplo, tiver ido tudo bem no seu trabalho, convide os amigos para curtir, dar risadas, ouvir uma boa música, dançar... Esse dia tem que ser festejado porque foi ótimo.

A essa altura, você ainda pode estar pensando: "Mas eu só vou à *happy hour* para relaxar...". Entenda: não precisa ser assim! Você criou um sistema dentro de você que está rodando no automático. É só consertá-lo e não vai ter nada, nem ninguém, que vá mudar essa sua nova situação.

Sei que o seu corpo, no início, não vai entender e pode até entrar em colapso. Mas se você toma essa atitude uma, duas, três vezes, só saindo para celebrar após um dia bom, vai começar a dar ao seu sistema outra informação. Passará a perceber a vida através de outras lentes para gerar o prazer, vivendo a luxúria de maneira bem usada. E também vai começar a ser grato por cada coisa que acontece, até as mais difíceis. Assim, terá prazer em aprender com as contrariedades, a descobrir mais sobre si mesmo e a vencer as suas batalhas internas. Quando algo ruim vier, simplesmente vai falar: "Ok,

*Celebre as suas **pequenas vitórias**, celebre os bons dias!*

@espaco_humanidade

como é que vamos resolver isso?". E não ficará bravo com o mundo porque, depois da tempestade, virá a bonança.

Para finalizar, uma última dica: você precisa aceitar o prazer. Permitir-se. Tire a culpa da sexualidade, da sensualidade, e lembre-se de que pode ter prazer com muitas outras coisas que não são, necessariamente, sexuais. Se você se programar para só comemorar quando tiver prazer, automaticamente sua vida será prazerosa, o seu trabalho será satisfatório e o seu dia a dia será sempre uma grande celebração.

Teste: Em qual área da sua vida a luxúria está mais latente?

Marque sim ou não nas perguntas a seguir e, conforme o número de respostas positivas, você conseguirá identificar onde este pecado interfere no seu dia a dia.

▌Relacionamento

Você se deixa levar por desejos e paixões momentâneas?

☐ Sim ☐ Não

Você procura se satisfazer e não se relacionar com o outro?

☐ Sim ☐ Não

▌Saúde

Você negligencia os cuidados com a saúde?

☐ Sim ☐ Não

Você está comendo e bebendo somente aquilo que lhe dá prazer?

☐ Sim ☐ Não

▍Financeiro

Você só se satisfaz com muito luxo?

☐ Sim ☐ Não

Você ostenta e mantém algum luxo por puro prazer?

☐ Sim ☐ Não

▍Família

Você quer tudo para si: atenção, ganhos e tudo o que puder de seus familiares?

☐ Sim ☐ Não

Você se sente ou as pessoas te veem como egoísta?

☐ Sim ☐ Não

Meditação para equilibrar a sua luxúria

Coloque-se numa posição confortável, em um ambiente silencioso, e aponte seu celular para o QR Code da p. 191 para que eu o conduza nesta meditação.

Capítulo 10

A IRA

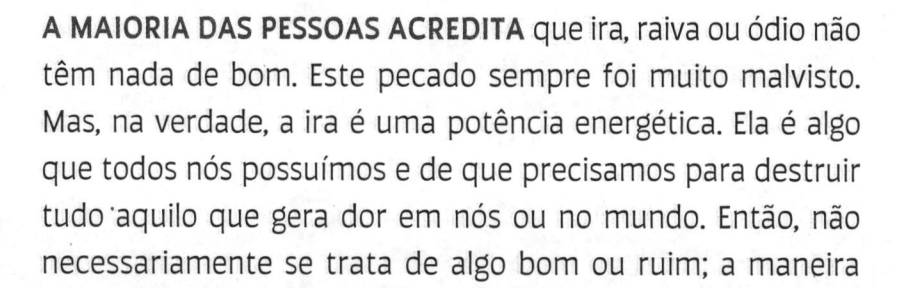

A MAIORIA DAS PESSOAS ACREDITA que ira, raiva ou ódio não têm nada de bom. Este pecado sempre foi muito malvisto. Mas, na verdade, a ira é uma potência energética. Ela é algo que todos nós possuímos e de que precisamos para destruir tudo aquilo que gera dor em nós ou no mundo. Então, não necessariamente se trata de algo bom ou ruim; a maneira como você vai destruir é que faz a diferença.

Quando você não aceita o jeito de certas pessoas, fica com muita raiva, porque quer que elas mudem. Sobretudo se fizeram algo com você que lhe causou alguma dor. Essa é a ira mal-usada: querer que o outro se transforme para não o incomodar. Você não aceita a realidade e a vida como ela é. E aí vem aquele ódio, as brigas, os gritos... Mas nada dá certo.

Isso acontece até mesmo com bens materiais. O computador quebrou? Você xinga, dá soco na parede, mas o aparelho continua na mesma. Você só se desgastou energeticamente.

Então, toda vez que você não aceita a realidade à sua volta e não entende a vida e as pessoas como elas são, está usando a ira de maneira negativa. E esse intenso e descontrolado sentimento de raiva, ódio e rancor pode ou não gerar uma vontade de vingança – mais uma forma mal-usada da ira. Mas é importante frisar que isso só traz conflitos tanto ao agente causador da ira quanto ao irado. Segundo a igreja católica, este pecado não atenta apenas contra os outros, mas pode voltar-se contra aquele que deixa o ódio plantar semente em seu próprio coração.

▎Como usar esse instinto de maneira positiva

Para desmistificar a ira, primeiro entenda o que é um potencial energético – que, se bem usado, tem tudo para nos ajudar. Quando um pedreiro quebra uma parede, está usando a ira: um potencial energético que emprega uma força. Ele não tem como destruir a casa fazendo carinho nela, embora possa realizar o seu serviço com amorosidade. Matéria não muda matéria; quem muda a matéria é a energia. Ou seja, a marreta não pode bater sozinha na parede, ela precisa de energia, que será aplicada pelo pedreiro. Esse profissional, por sua vez, só faz isso porque possui a informação de que essa é a forma de colocar abaixo aquele aglomerado de tijolos. Assim, a informação modifica a energia, e a energia modifica a matéria.

Agora, imagine que você mora em uma casa velha repleta de problemas, inclusive com goteiras. Enquanto fica só reclamando de que sua moradia está caindo aos pedaços, nada acontece. Mas quando o pinga-pinga da água cair tanto em sua cabeça, a ponto de você ficar irado, finalmente entrará com a informação: "Eu vou mudar isso!". A ira, então, vira um potencial energético, e você aplica a energia de contratar alguém (ou colocar suas próprias mãos à obra) para finalmente a matéria ser alterada.

Por incrível que pareça, o que nos move a fazer a maioria das coisas é a ira. Se você a percebe como algo ruim em sua vida, não constrói nada – ou melhor, não destrói o que está causando dor. Quando algo o incomoda demais, é o ponto de partida para você aplicar uma energia para mudar isso. O que irrita é o caminho para a transformação, desde que a ira seja usada da maneira certa. É o momento de destruir aquilo que o machuca, e não de destruir o outro.

Você já sabe que sou do elemento fogo e, por isso, movida pela ira. Então, vale reforçar que me dá muita raiva a ignorância em relação a um processo consciencial de valores, de conduta. Se eu vejo uma pessoa que está sofrendo e, por pura ignorância, ela gera dor em si mesma, a ira começa a tomar conta de mim. E esse potencial energético faz com que eu queira ajudá-la a destruir essa falta de conhecimento que está lhe causando o sofrimento. Mas vou repetir: eu não quero destruir a pessoa, e sim o que a está machucando. Ao aliviar a dor do outro, eu alivio a minha própria dor de ter sentido ira, que é a maneira como manifesto o meu potencial energético.

A ira, quando bem usada, dá a energia necessária para você virar a mesa, para você mudar aquilo que está ruim! Quem não acredita que a ira pode ser positiva e utilizada para promover mudanças benéficas, acaba alimentando situações difíceis, como aquela pessoa que trabalha há anos no mesmo

"Quando algo o incomoda demais, é o ponto de partida para você aplicar uma energia para mudar isso. O que irrita é o caminho para a transformação, desde que a ira seja usada da maneira certa. É o momento de destruir aquilo que o machuca, e não de destruir o outro."

@espaco_humanidade

emprego, não tem seu valor reconhecido e vive sendo humilhada na frente de todo mundo. Qual é o potencial energético necessário para ela virar o jogo e falar: "Chega! Ninguém mais me tratará assim!"? A ira. Esse instinto impõe limites.

A ira bem usada não deixa ninguém passar por cima de você. Mas lembre-se de que a manifestação da raiva não deve ser usada para destruir uma pessoa, e sim aquilo que lhe causa dor. Então, permita-se ficar bravo com a vida, sim, para que possa fazer as transformações de que tanto necessita.

Teste: Em qual área da sua vida a ira está mais latente?

Marque sim ou não nas perguntas a seguir e, conforme o número de respostas positivas, você conseguirá identificar onde este pecado interfere no seu dia a dia.

■ Relacionamento

Você está indiferente ao seu parceiro ou parceira ou está sem coragem de entrar ou assumir uma relação?

☐ Sim ☐ Não

Você se acomoda e não age para transformar algo que há muito tempo está lhe fazendo mal na relação?

☐ Sim ☐ Não

■ Saúde

Há uma disfunção na sua saúde e você não tem feito nada para se curar?

☐ Sim ☐ Não

Existe algo que você não goste em você, mas lhe falta coragem e energia para mudar a realidade?

☐ Sim ☐ Não

▮ Financeiro

Você tem fugido da vida indo às compras?

☐ Sim ☐ Não

Você gasta de forma exacerbada e por impulso?

☐ Sim ☐ Não

▮ Família

A indiferença pela sua família tomou conta do seu coração?

☐ Sim ☐ Não

Você precisa "bater e virar a mesa" para sair de uma situação de abuso?

☐ Sim ☐ Não

Meditação para equilibrar a sua ira

Coloque-se numa posição confortável, em um ambiente silencioso, e aponte seu celular para o QR Code da p. 191 para que eu o conduza nesta meditação.

Capítulo 11

A GULA

TODO MUNDO PENSA QUE A gula só tem a ver com comida e bebida. Mas este pecado está associado a querer mais do que se pode ter. O que acontece é que, em geral, descontamos essa insatisfação na comida. Então, quando você come ou bebe demais, está materializando algo que está no seu campo energético: a gula de desejar ter sempre mais e mais, sem nunca estar satisfeito. É algo insaciável.

Na verdade, esse pecado está relacionado, principalmente, às emoções e aos hormônios do prazer. O que nos vicia não são as substâncias, e sim os hormônios. Ninguém é dependente de uma substância. Por exemplo, ao se usar alguma droga, ela age no cérebro e faz com que seja liberada uma quantidade de hormônios que dão uma sensação, um prazer grande e momentâneo, e depois passa. E a pessoa se torna dependente dessa emoção, seja de euforia ou de relaxamento. Ou seja, a sua gula se encontra nas descargas hormonais que a substância provoca.

Como já contei para você no início deste livro, eu sou um grande exemplo de gula mal-usada. Eu vivi este pecado de maneira negativa no meu processo de dependência do álcool – na verdade, de dependência das sensações que ele causava em mim: me sentir solta. É por isso que o dependente tem tanta dificuldade de se livrar de sua gula negativa. E esse processo trouxe muito desequilíbrio para a minha vida.

Outro lado ruim desse pecado é que ele está associado a querer tudo só para si. É então que surge o egoísmo. E quando você quer o outro só para si, não permite que as pessoas vivam suas próprias vidas. Mais uma vez, me coloco como exemplo – da época em que eu não tinha a consciência de hoje –, mas é algo que acontece com muita gente. Eu mandava uma mensagem para uma pessoa pelo aplicativo, e logo ela respondia; fazia o mesmo com outra pessoa, e rapidamente recebia a resposta; e aí na mensagem para uma terceira pessoa, ela não respondia. Nesse momento, eu pensava: "Ai, meu Deus, acho que fiz alguma coisa errada... Será que falei o que não devia? Será que ela não gosta mais de mim?". Hoje, já entendo que isso é só a minha gula, o meu egoísmo de querer que o outro fique ali me servindo mais e mais e mais, e que não tem nada de errado. São apenas as pessoas vivendo as suas estruturas.

Esse lado ruim da gula se mistura com o pecado da avareza, que fala do dar e receber. Quando uma pessoa quer cada vez mais só para ela, entra em um processo de egoísmo que não a deixa perceber que o que está realizando faz falta para o outro ou gera dor nele. É como se falasse: "Dane-se o mundo! Eu quero para mim, porque supre o meu vazio, e o mundo que se vire com isso". Esse querer insaciável, sem se contentar com o que se tem, é uma forma de cobiça.

Como usar esse instinto de maneira positiva

No meu caso, quando comecei a me equilibrar, a compreender o meu processo emocional e a trabalhar espiritualmente, consegui passar a utilizar a minha gula de forma correta. Hoje, por exemplo, consigo produzir uma grande quantidade de vídeos para colocar na internet. Eu gravo, todos os dias, vídeos novos, e somente uma pessoa com gula é capaz de fazer isso. Além disso, coloco em prática vários projetos, faço atendimentos, dou cursos... Ou seja, esse instinto bem usado, pode ajudar você a cumprir o seu projeto de vida, a sua missão.

Porém, mais uma vez, é preciso tomar cuidado. Se você fizer muita coisa ao mesmo tempo, pode acabar gerando uma nova dependência. E o resultado será um desgaste energético, estafa do seu corpo e afastamento da sua família e das pessoas que ama. É o eterno orai e vigiai – e quando eu digo isso não é para vigiar a vida do outro, e sim a sua. A partir do momento que você adquire consciência, fica muito mais difícil cair em desequilíbrio novamente. Quando perceber que está passando dos limites, é só voltar.

A gula saudável, digamos assim, é bem usada para construir, para fazer o essencial. Nesse sentido, é possível relacioná-la ao lado bom dos outros pecados: se doará com a avareza positiva, terá orgulho do que produz porque gera felicidade ao outro, e, com a ira, conseguirá mudar a sua situação de gula negativa para algo melhor. Mas talvez agora você esteja pensando: "Eu não sou muito guloso, por isso não construo nada em minha vida". Está tudo certo se você não é assim. Pode ser que o que veio manifestar nesta vida não precise dessa quantidade de gula. E está tudo bem.

Seja qual for o tamanho da sua gula, procure usá-la de maneira proveitosa para direcioná-la ao lugar que você quer. Entenda que a dependência – lado negativo deste instinto – é um vazio que precisa ser preenchido. Procure preenchê-lo ao se amar, se aceitar, se preencher de si mesmo, e não querer ser outra coisa diferente do que você é. Esse é o processo evolutivo da humanidade. E todos estamos no mesmo lugar.

Teste: Em qual área da sua vida a gula está mais latente?

Marque sim ou não nas perguntas a seguir e, conforme o número de respostas positivas, você conseguirá identificar onde esse pecado interfere no seu dia a dia.

▎Relacionamento

Você depende do outro emocionalmente?

☐ Sim   ☐ Não

Você quer ser o centro do relacionamento e necessita de muita atenção do outro?

☐ Sim   ☐ Não

■ Saúde

Você come ou bebe além do necessário?
☐ Sim   ☐ Não

Você se coloca em risco?
☐ Sim   ☐ Não

■ Financeiro

Você trabalha para acumular bens e dinheiro?
☐ Sim   ☐ Não

Você consome mais do que precisa?
☐ Sim   ☐ Não

■ Família

Você depende da aprovação e validação a todo tempo?
☐ Sim   ☐ Não

Você se farta da companhia e do que a pessoa pode lhe oferecer?
☐ Sim   ☐ Não

Meditação para equilibrar a sua gula

Coloque-se numa posição confortável, em um ambiente silencioso, e aponte seu celular para o QR Code da p. 191 para que eu o conduza nesta meditação.

Capítulo 12

A INVEJA

ESTE É O PECADO MAIS julgado e apontado. Todo mundo pensa que sentir inveja é um horror. Mas, na verdade, é algo muito triste. Por isso, não deveríamos classificar o invejoso como um fraco, o qual não queremos ter por perto, e sim olhá-lo com mais amor e condescendência. A inveja é o desgosto ou o pesar pela felicidade e realização do outro; é quando alguém fica mal quando o outro se realiza.

E o pior: o invejoso não quer uma vida como a do outro. Não... Ele quer a vida do outro! É diferente de você olhar para uma certa situação e dizer: "Nossa, eu queria um negócio como aquele" ou "Veja que relação bacana... Eu queria um marido como aquele". Quem vive o lado negativo da inveja diz: "Eu quero aquele negócio! Eu quero aquele marido". E não é porque ama o empreendimento ou a pessoa, e sim porque quer ter o que o outro possui.

Isso acontece pelo fato de o invejoso não conseguir sentir felicidade em nada do que ele tem. Talvez você conheça pessoas em sua família que sejam assim, e é preciso tomar cuidado com elas, porque podem até fazer maldades. Elas são movidas por esse instinto de achar que a satisfação está somente nas conquistas alheias. Isso se deve a uma falta interna bastante profunda de conseguir encontrar a felicidade em si mesmo, naquilo que lhe pertence.

Nelas, o cérebro primitivo – o qual entende que tudo é luta ou fuga – é bem ativo. E elas acham que vão morrer se não tiverem aquilo. Só que, nessa ausência de vida, matam as relações, os sentimentos, as amizades. Por isso, muita gente diz: "O invejoso tem uma energia ruim". Tem mesmo. É pesada, porque ele suga nosso campo energético igual a um obsessor. Quem usa mal o pecado da inveja também pode ser comparado a uma cobra. A natureza da cobra é picar. E se você sabe disso, o que deve fazer? Tomar cuidado para que ela não o pique. Não adianta querer mudar o instinto da cobra. Assim, sabendo que uma pessoa é invejosa, você também deve se proteger, porque faz parte da dor dela, da sua essência e evolução – enquanto não aprende a usar o lado positivo desse pecado – "atacar" você.

Mas atenção: faça isso sem julgamentos, procurando olhar o todo. Afinal, Deus gosta do invejoso, do luxurioso, do avarento, do guloso, do orgulhoso, do irado. E quando nós amamos uma pessoa, isso está além da nossa racionalidade. Se você ama alguém que faz mal uso da inveja, entenda que essa pessoa está dentro de seu processo de limitação, da ignorância... Ou seja, é o nível consciencial que ela tem até o momento. E isso não quer dizer que, no fundo, ela não tenha um bom coração.

Então, se você for pensar bem, é uma situação muito triste. O invejoso sente um desgosto pela felicidade do outro. Dói nele não ter aquilo. Eu posso identificar que ali existe uma dor profunda, já que ele não consegue encontrar satisfação em absolutamente nada do que tem. Na maioria das vezes, as pessoas não sentem inveja do que os outros possuem. No fundo, sentem inveja do que eles são. Quantas vezes você já deve ter escutado a expressão (ou você mesmo pode ter dito): "Mas eu não tenho nada... Ele morre de inveja de mim, por quê?". Porque, como já mencionei, ninguém sente inveja do que o outro tem, e sim do que o outro é, da maneira como ele se comporta, a qual faz ele ter o que tem.

A inveja é considerada um pecado, porque o invejoso ignora as suas próprias bênçãos e prioriza o status da outra pessoa no lugar do próprio crescimento espiritual. É o desejo exagerado por posses, posição social, habilidades, tudo o que o outro tem e consegue. O invejoso desvaloriza tudo o que possui e cobiça o que é do próximo. Por isso, a inveja é confundida com o pecado da avareza, um desejo por riqueza material que pode ou não pertencer ao outro.

▌Como usar esse instinto de maneira positiva

A inveja bem usada tem o seguinte viés: "Eu gostaria de ter uma pessoa como aquela, um emprego como aquele, um carro como aquele, uma vida como aquela. Como essa pessoa fez para conseguir isso? O que eu poderia aprender com ela para também ter essas coisas?".

A forma positiva desse pecado ocorre quando você reconhece que está sentindo inveja. Mas, se está nutrindo esse instinto, é porque aquele objeto de desejo é importante para você e tem algo que o move para ter aquilo também. E, assim, começa a pensar: "O que eu posso fazer para também alcançar isso? Acho que vou perguntar como ele fez, em qual escola estudou...". Essa é a inveja bem usada. Pode abusar dela, porque, dessa maneira, conquistará o que há de melhor para a sua vida.

Teste: Em qual área da sua vida a inveja está mais latente?

Marque sim ou não nas perguntas a seguir e, conforme o número de respostas positivas, você conseguirá identificar onde esse pecado interfere no seu dia a dia.

■ Relacionamento

Você considera que o relacionamento dos outros é melhor do que o seu e tem pensamentos de cobiça?

☐ Sim   ☐ Não

Você considera que alguma pessoa não merece o parceiro ou parceira que tem?

☐ Sim   ☐ Não

■ Saúde

Você desdenha do corpo de alguém?

☐ Sim   ☐ Não

Você sente incômodo com a disciplina alimentar ou de atividade física de alguém?

☐ Sim ☐ Não

▍Financeiro

Você compara a sua vida financeira com a do outro e se sente inferior?

☐ Sim ☐ Não

Você considera que alguém não tem capacidade ou competência para ter a prosperidade que tem?

☐ Sim ☐ Não

▍Família

Você fala mal de algum familiar com o intuito de rebaixar a sua reputação?

☐ Sim ☐ Não

Você se compara a alguém de sua família e menospreza os méritos de outra pessoa?

☐ Sim ☐ Não

Meditação para equilibrar a sua inveja

Coloque-se numa posição confortável, em um ambiente silencioso, e aponte o seu celular para o QR Code da p. 191 para que eu o conduza nesta meditação.

Capítulo 13

A PREGUIÇA

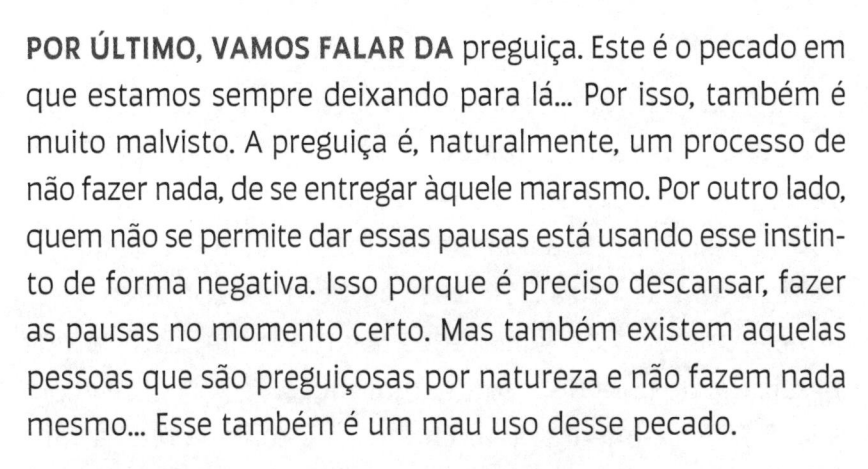

POR ÚLTIMO, VAMOS FALAR DA preguiça. Este é o pecado em que estamos sempre deixando para lá... Por isso, também é muito malvisto. A preguiça é, naturalmente, um processo de não fazer nada, de se entregar àquele marasmo. Por outro lado, quem não se permite dar essas pausas está usando esse instinto de forma negativa. Isso porque é preciso descansar, fazer as pausas no momento certo. Mas também existem aquelas pessoas que são preguiçosas por natureza e não fazem nada mesmo... Esse também é um mau uso desse pecado.

Outro lado negativo da preguiça é quando a pessoa se força a fazer algo, mas ainda não está pronta para essa atividade. Não é o momento certo. Isso é extremamente contraintuitivo. Mas por quê? Ora, um filho não nasce antes da hora! Um projeto também não. Ele só fica pronto quando acaba. E aí a pessoa que tem o pecado da preguiça fica se julgando: "Ah, se eu tivesse sentado e enfiado a cara no computador, esse projeto já estava finalizado... Não fiz isso porque sou um preguiçoso...". Só que não é sobre o que ela ou os outros querem, é sobre algo que está "vivo" e precisa se manifestar. Não é no tempo dela, e sim no tempo de Deus.

Quando isso acontece, todos ficam falando mal da pessoa, dizendo que é preguiçosa. Mas não é bem assim, porque, quando a ideia amadurece – ou seja, quando chega o tempo certo –, ela rapidamente coloca tudo no papel. A preguiça vai embora na hora! O problema é que isso vai completamente contra o que se vende atualmente: "Foco! Meta! Você tem que se superar!". Diante desses apelos, a pessoa com preguiça passa a se odiar e vai ficando doente por se achar incapaz. Porém, ela não faz o que esperam dela porque ainda não está pronta. Só vai sair na hora certa. Afinal, tudo tem uma razão maior de ser.

A preguiça está relacionada, também, com a comunicação e a conexão. Imagine que aconteceu algo importante com você, que estava à espera há algum tempo. Ao encontrar com um amigo que sabia de sua expectativa, ele pergunta como estão as coisas. Só que, na hora da conversa, bate aquela preguiça de falar tudo... É uma longa história que precisaria de toda uma contextualização. Já aconteceu com você? Provavelmente, sim. Então você tenta forçar a fala, mas a sua comunicação não conecta. Percebe, então, que o outro não entendeu direito o assunto ou não deu a devida importância, e ainda fica chateado com ele. Esse é mais um mau uso desse instinto.

Outro lado negativo da preguiça é o desleixo: a pessoa ser descuidada com ela própria, com a vida, com gostar de si mesmo. Não dedica um tempo para si e se abandona de tal maneira, que acaba fazendo tudo para todo mundo, mas nada por ela – podendo se estender para o desleixo com a casa, com o trabalho e com outras áreas da vida. Isso nada mais é do que preguiça consigo mesma. Resultado: essa pessoa se abandona.

Vale destacar que o verdadeiro preguiçoso não tem o pecado da gula desesperada, nem o da ira desenfreada. Uma pessoa com o pecado da preguiça nunca irá dizer: "Vou ficar aqui deitado só vendo Netflix e não farei nada mais porque não quero". Nesse caso, ficar diante da TV é o que lhe dá prazer, então, o instinto que se apresenta é o da luxúria. Entenda que o preguiçoso é aquela pessoa prostrada. Quando esse instinto vem de forma muito negativa, causando excesso de prostração, pode até dar lugar a um estado depressivo.

▌Como usar esse instinto de maneira positiva

Será que é possível? Pode acreditar que sim. Todas as facilidades que temos hoje – tecnológicas ou não – nasceram da ideia de um preguiçoso. Ele vai sempre arranjar uma maneira de gastar menos energia para fazer as coisas, porque tem muita preguiça. Em sua cabeça, passa: "Mas tem que fazer tudo isso? Como darei um jeito de facilitar isso aqui?".

Por isso, muito provavelmente, o controle remoto foi invenção de um preguiçoso: "E se a gente tivesse um aparelho para mudar de canal apertando um botão sem levantar do sofá?". Isso não é bom? Sem dúvida que é! Assim, a preguiça bem usada pode gerar novidades para facilitar a nossa vida. O problema é que estamos sempre julgando negativamente quem tem esse pecado. Mas ele também coloca a cabeça para funcionar quando quer encontrar um jeito de simplificar os processos, quaisquer que sejam.

Em determinados momentos, portanto, a preguiça pode ser uma aliada do que chamamos de ócio. Já ouviu falar de ócio criativo, não é mesmo? É quando as pessoas não estão fazendo nada – ou estão fazendo apenas o que querem – e acabam surgindo ideias. Mas o ócio é só para os preguiçosos? Claro que não. Porque pessoas ociosas nem sempre ficam paradas. Elas podem optar por ficar passeando, se divertindo, saindo para correr... Porém, o preguiçoso naturalmente se utiliza muito bem do ócio para criar maneiras de facilitar as coisas. Só que não necessariamente serão os executores de suas invenções. É mais provável que um guloso se mostre mais motivado para colocar a ideia do amigo preguiçoso em ação.

Por fim, não se pode esquecer que outro lado positivo da preguiça está relacionado a dar tempo ao tempo. A pessoa que faz bom uso da preguiça não se antecipa. Ela sabe esperar o momento do amadurecimento, por exemplo, de um projeto. Acredita no tempo de Deus e, na hora certa, vai lá e faz. Isso ocorre também na comunicação: não adianta forçar a fala para a pessoa com preguiça conseguir se conectar com alguém. O bom uso desse instinto é respeitar o tempo e, quando sentir que entrou numa boa frequência com o interlocutor, aí sim a conversa vai fluir e a conexão vai se estabelecer.

Teste: Em qual área da sua vida a preguiça está mais latente?

Marque sim ou não nas perguntas a seguir e, conforme o número de respostas positivas, você conseguirá identificar onde este pecado interfere no seu dia a dia.

Relacionamento

Você tem deixado o seu relacionamento esfriar?

☐ Sim   ☐ Não

Você fica sem ânimo para curtir a dois: sair, namorar e se dedicar à relação?

☐ Sim   ☐ Não

E no relacionamento consigo mesmo, o seu mundo interior está abandonado?

☐ Sim   ☐ Não

Saúde

Você cuida do corpo, da alimentação e das rotinas médicas?

☐ Sim   ☐ Não

Você se abandonou em algum campo da sua vida: mental, emocional, energético ou espiritual?

☐ Sim   ☐ Não

■ Financeiro

Você deixa o seu dinheiro a "Deus dará", em vez de organizá-lo e destiná-lo para as prioridades?

☐ Sim ☐ Não

Você desperdiça oportunidades de ganho financeiro?

☐ Sim ☐ Não

■ Família

Você deixa de estar presente nas ocasiões familiares importantes para você?

☐ Sim ☐ Não

Você procrastina uma conversa importante?

☐ Sim ☐ Não

Meditação para equilibrar a sua preguiça

Coloque-se numa posição confortável, em um ambiente silencioso, e aponte o seu celular para o QR Code da p. 191 para que eu o conduza nesta meditação.

▎Todos os pecados em equilíbrio

Agora que você já conheceu todos os sete pecados – ou sete instintos –, certamente compreendeu que pode manifestar mais de um deles em sua vida. O que precisa, então, é equilibrar todos eles para elaborar o corpo hominal e o chakra relacionado a esse reino (o cardíaco), para se desenvolver em seu processo evolutivo até galgar aos outros reinos. Isso é um trabalho infinito, grandioso e profundo, mas extremamente importante para você entender que não precisa se condenar pelos seus "pecados" e que não deve condenar os outros. Você está aqui para se amar e se ajudar a adquirir a percepção sobre si mesmo.

O problema é que toda essa incompreensão dos sete pecados capitais fez com que as pessoas se distanciassem de sua essência. Por isso, todos nós passamos a nos culpar e condenar. Fomos criando blocos energéticos, processos espirituais e atitudes impensadas que geraram dor. Mas o que estou trazendo aqui para você é consciência! É com ela que você vai começar a limpar esses blocos e transformar o seu processo consciencial, para viver uma vida mais leve e mais feliz.

Você lembra da animação *Divertidamente*, da Pixar, que tinha como personagens a raiva, a alegria, a tristeza, o medo e o nojinho? Eles representam os nossos pedacinhos, esses fractais que podemos dar o nome de instintos (ou pecados). Então, a partir de agora, não se julgue, nem julgue os outros. Apenas olhe esse aglomerado de instintos e se responsabilize por todos eles. Ao olhar para eles, eles olham para você. Assim, a chance de neutralizar essas tendências e de usá-las da melhor maneira possível aumenta exponencialmente. A seu favor e do todo.

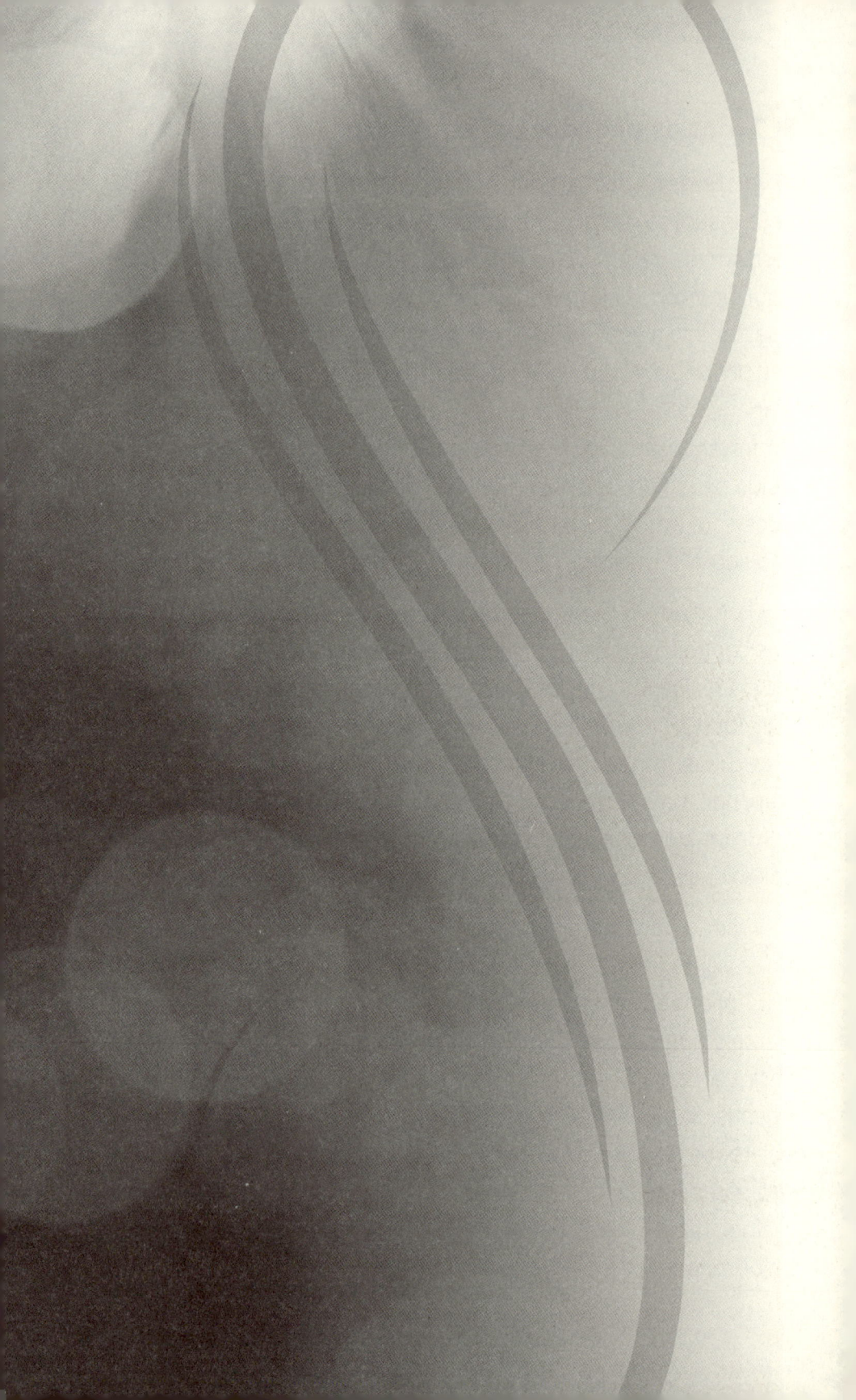

PARTE 3

Conecte-se e trate-se

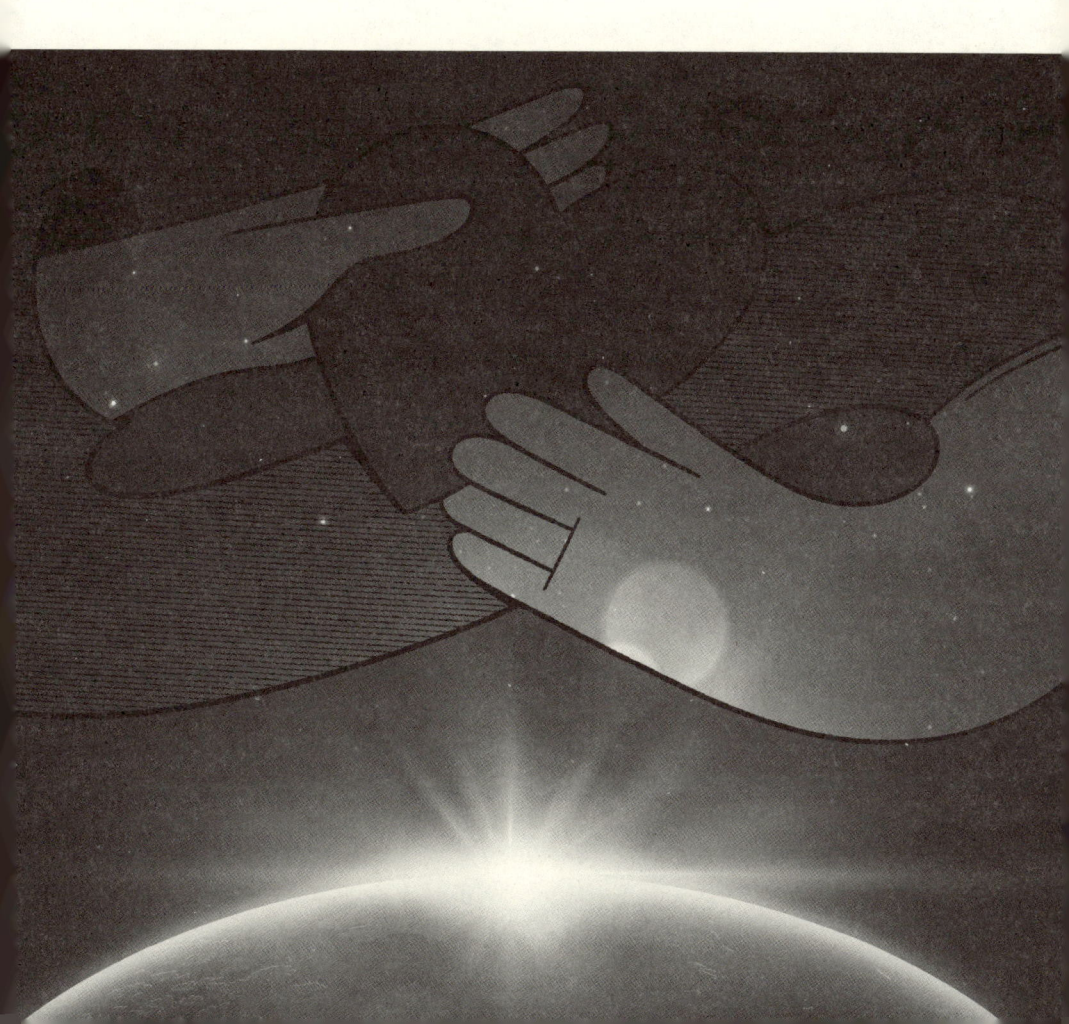

Capítulo 14

ENTRE NO ESTADO DESPERTO E PRESENTE

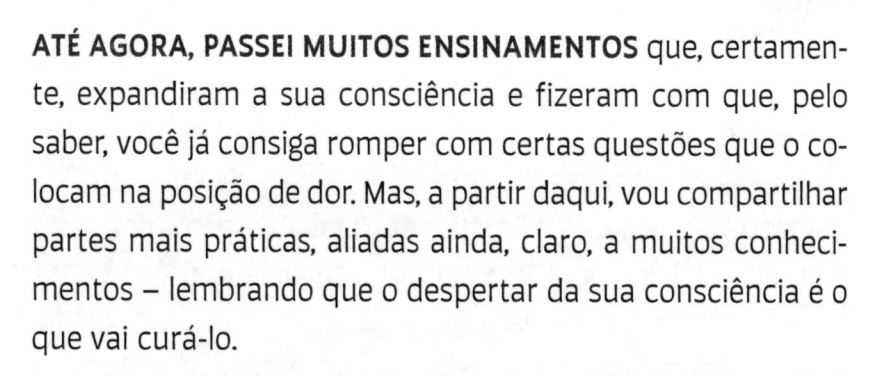

ATÉ AGORA, PASSEI MUITOS ENSINAMENTOS que, certamente, expandiram a sua consciência e fizeram com que, pelo saber, você já consiga romper com certas questões que o colocam na posição de dor. Mas, a partir daqui, vou compartilhar partes mais práticas, aliadas ainda, claro, a muitos conhecimentos – lembrando que o despertar da sua consciência é o que vai curá-lo.

Neste capítulo, mostrarei como andam os aspectos da mente dentro da vida cotidiana. Atualmente, a maioria das pessoas, na maior parte do tempo, está em um estado muito mais acelerado, chamado Estado *Crash*. Essa sigla significa:

C *ontraction* (contraído)

R *eaction* (reativo)

A *nalyhsis paralyhsis* (paralisia por análise)

S *eparation* (separado)

H *urt and hatred* (ferido e com ódio)

O que eu quero dizer com isso? O Estado *Crash* nos leva a perceber quais são os momentos em que estamos mais acelerados e mais reativos, que é o que acontece com grande parte da população, principalmente com quem está em dor. Muita gente passa a vida inteira nesse estado e, com isso, inúmeros problemas são desencadeados.

Vamos, então, analisar como cada letra da sigla pode afetar a sua vida:

C

No dia a dia, você pode estar no estado contraído se vive preocupado, nervoso, com muitas questões a serem resolvidas. Algumas são reais e práticas, mas há também questões ilusórias. Só que, nesse momento, não se preocupe com isso. Sem julgamentos. Essa letra da sigla é apenas para você perceber o que está se passando com a sua condição física. Assim, ao longo do dia, vão acontecendo os fatos e você vai se retraindo: a musculatura se contrai e, quando a noite chega, está com dor de cabeça, dor nas costas, dor no pescoço e muito cansado.

R

Ficar reativo é outra situação que pode lhe afetar. É quando ocorre alguma situação e você nem se dá um tempo de respiro e já reage. O Universo traz uma questão para ser resolvida, mas você sequer para um pouco para pensar em como lidar com aquilo. Simplesmente, rebate – com algum movimento – a tudo e a todos que vêm até você. E isso está acontecendo como consequência da contração e, também, pelo fato de a sua mente estar tão acelerada e o seu emocional, exacerbado. Daí, acontecem aquelas situações em que você fala uma coisa sem pensar e, às vezes, machuca alguém. Logo em seguida, se arrepende: "Ai, não deveria ter dito aquilo... Eu não queria magoar, mas, quando fui ver, já disse". E isso acontece porque você está nesse estado tão acelerado e agoniado, a ponto de fazer com que seu coração e sua mente fiquem contraídos.

A

A outra questão é a paralisia por análise. É quando, em alguns momentos, você reage; e em outros, não faz nada. Ou seja, surgem situações no dia a dia que o deixam tão nervoso, que a consequência é ficar sem reação. Mas por quê? Porque não consegue pensar. Algo trava e você não dá sustentação ao seu pensamento para encontrar uma resposta hábil à pessoa. É quando, mais tarde, fica pensando: "Nossa, eu devia ter falado isso e não falei, como fui bobo", "Eu sabia a resposta da prova, mas me deu branco" ou "Eu sabia tudo o que tinha que falar na reunião, mas na hora fugiu da minha mente". Esse branco é a paralisia por análise. Além de acontecer por conta do nervoso, também se dá quando você está com muitas coisas na cabeça, muitas emoções conturbadas. A sua reação nesse caso, em vez de explodir, é paralisar. E, normalmente, é algo que você também não queria fazer.

S

O problema é que todo esse nervosismo está o deixando separado. De quem? De si próprio, da sua essência. Você fica o tempo todo preocupado com o que está acontecendo lá fora, com o outro, com o trabalho, com as pessoas... Sempre com o externo, com o que vão dizer. E, dessa maneira, acaba se separando de você mesmo, fica dividido. Não consegue estar com a presença plena para formular uma resposta, um pensamento, antes de paralisar ou reagir. Resultado: acaba ficando contraído. Essa separação de sua essência causa tantas questões, que depois você não consegue contornar, porque, dependendo da sua reação de falar ou não falar, às vezes o outro não consegue receber ou interpretar de uma maneira que seja possível consertar a situação. Essa separação, então, é você não estar presente para entender o que quer dizer ou se quer se calar, gerando muita dor ao seu redor.

H

É quando você se sente muito ferido e com ódio. O que eu quero dizer com isso? Estamos sempre nos sentindo atacados. E qual é a reação de um animal que está machucado? Ele fica acuado. E se alguém tentar chegar perto, ele vai reagir. Assim, uma pessoa ferida tende a atacar, porque qualquer coisa que venha a feri-la ainda mais vai doer muito dentro dela. Mesmo que o outro não tenha essa intenção. Portanto, se você estiver extremamente ferido, naturalmente vai reagir com ódio se alguém vier cutucar a sua ferida.

Em resumo, na maioria das vezes, quando você estiver em profunda dor ou com algum sofrimento que não consegue entender direito – "Eu sinto alguma coisa" ou "Tem um buraco dentro de mim, mas não sei explicar o que é" –, a tendência será reagir com esse aspecto da mente: o Estado *Crash*. É o contraído, reativo, paralisado por análise, separado de si mesmo e ferido e com ódio. E aí, claro, vai conquistar inimizades e maus relacionamentos com a família, com o parceiro e com os colegas de trabalho.

Vai, ainda, perder oportunidades de emprego e a confiança em si mesmo. Isso porque, às vezes, fala algo que não era o que gostaria de dizer ou até gostaria de falar algo que sabia, mas na hora não saiu. E assim começa a duvidar de suas habilidades. Você deixa de lado as chances de estar presente para fazer uma apresentação, resolver uma questão no trabalho ou, simplesmente, com seu filho. E passa a fazer tudo de qualquer jeito, sem parar para pensar.

Porém, entenda que você apenas precisa de um respiro para ter uma outra conexão neuronal, uma outra trilha neural, que o ajude a tomar uma atitude de maneira mais pensada. Só que, na maioria das vezes, não está nem respirando e já tem uma reação. O que precisa é fazer essa pausa antes dessas ações reativas, para que tenha saúde tanto física – para que seu corpo doa menos – quanto em seus relacionamentos (afetivo, com sua família, com seus amigos, com seu trabalho e até com o seu dinheiro). Somente quem se encontra com todas essas áreas em razoável equilíbrio pode estar feliz. E só assim pode ter saúde.

A cura está no Estado Coach

Mas, afinal, como ter esse respiro? Isso se consegue ao entrar no chamado Estado Coach. Veja a sigla:

C *entered* (centrado)
O *pen* (aberto)
A *wakeness* (desperto e presente)
C *onnected* (conectado)
H *olding* (pronto para acolher)

E, agora, vamos analisar letra por letra:

C

Neste estado, você se encontra centrado, olhando para o seu centro (para dentro de você). E isso não acontece só quando está meditando. Mesmo estando no meio de um monte de gente, você não se perde de si mesmo. Quando está realmente centrado, sua relação com o ambiente continua acontecendo. Mas você se mantém inteiro, conectado com o seu mental superior. Fica integrado com o todo, com a espiritualidade. Assim, pode até receber intuições.

O

Estar aberto para novas possibilidades, para o que o Universo tem para lhe dar. Às vezes, você pede algo, e a vida manda informações, oportunidades, só que você não se coloca aberto para elas, porque quer que seja do seu jeito. Mas é preciso lembrar daquela frase: "Deus tem um plano muito melhor para você". O que parece ruim, pode ser bom. Não se feche para nada. Estar aberto também tem muito a ver com ser grato.

A

Você precisa estar desperto e presente para entender o que o Universo está mandando. Eu, por exemplo, sempre pergunto: "Universo, o que você está querendo me dizer?". E é preciso estar atento para o que ele vai responder. Se eu não estiver nesse estado desperto e presente, não consigo ter essa percepção quanto às informações e aos sinais que o Universo está me dando.

C

Além disso, você precisa estar conectado. Com quem? Com você mesmo, presente para si próprio, sentindo tudo ao seu redor, percebendo dentro do seu corpo, da sua estrutura emocional e mental, o que está acontecendo. E você tem que estar conectado com a sua essência, com a sua parte que sabe o que está fazendo aqui (o seu mental superior, como já falei anteriormente).

H

Para terminar, você deve estar pronto para acolher o que o Universo lhe traz. Aqui, tem muito a ver com a letra O (*open*). Primeiro, você se abre para receber e, depois, precisa aceitar aquilo que veio, mesmo que não seja o que desejava. Acolher também é perceber os sinais que a vida apresenta, por meio de sua inteligência e sensibilidade. Se você sentir que é para você, acolha.

Portanto, é importante estar centrado, aberto para receber, desperto e presente, conectado e pronto para acolher o que virá. O caminho é estar "não fechado". E mesmo que esteja aberto, precisa aceitar o que o Universo oferece.

E como fará isso? Entrando em Estado Coach, que é um estado de frequência. Trata-se, na verdade, de uma tranquilidade mental para que você alcance aquele respiro, uma calma para reagir ao que o Universo traz e para entender o que ele quer dizer.

Vou dar exemplos para ficar mais fácil. Quando você recebe uma massagem, entra em um relaxamento muito profundo, diverte-se com algo bem prazeroso ou está com alguém de quem gosta muito, o que acontece? Sente-se muito bem, não é mesmo? Se logo em seguida alguém lhe fizer alguma provocação ou trouxer uma notícia desagradável, você muito provavelmente não sairá do eixo, porque a sua mente está em um padrão tranquilo. E lembre-se: seu campo áurico estará mais amplo e com um maior potencial de proteção. Como já expliquei no Capítulo 1, quando o seu estado emocional está elevado e a sua mente mais quieta e satisfeita, naturalmente o seu campo energético se expande e você não é acessado com tanta facilidade pelo externo. Assim, fica a um respiro de dar a resposta correta, aquela que você realmente queria dar, e não simplesmente a que soltou sem pensar e que pode ferir e não ter mais como consertar.

▎Agora vamos trabalhar?

Chegou a hora de ensinar um exercício para deixá-lo conectado, centrado, aberto, desperto, presente e pronto para acolher tudo o que virá na sua grande jornada na Terra. É para tirar você da ansiedade ocasionada pelo Estado Crash e levá-lo ao relaxamento profundo que o coloca na frequência do Estado Coach.

Para realizá-lo, procure ficar em uma posição confortável, de preferência sentado, para se manter acordado. A ideia é que você esteja totalmente presente, relaxado, mas não dormindo. Ficar consciente é importante porque, como já mencionei, o slogan do Humanoterapeuta é "Consciência que cura".

O que você irá experenciar não é hipnose, e sim uma técnica que o colocará em um estado de consciência atingido com maior facilidade e menos resistência, para que fique mais aberto para a compreensão e lucidez durante todo o processo.

Então, em um lugar confortável, deixe as suas costas apoiadas e, se possível, mantenha seus pés no chão e não cruze as pernas. Nesse momento, é tudo solto! Você vai soltar todas as suas bases para que esse processo seja de pura entrega.

Agora, aponte a câmera de seu celular para o QR Code da p. 191 e bom relaxamento!

Capítulo 15

ALINHE SEUS CORPOS COM O RELAXAMENTO ALFA PROFUNDO

NO CAPÍTULO 2, VOCÊ FOI apresentado aos nossos sete corpos. E, ao saber disso, fica mais fácil entender como é que se dá a manifestação de todas as coisas em sua vida e da sua própria integridade. Mas o que quero dizer com integridade? Não tem a ver, necessariamente, com o que a sociedade chama de "íntegro", e sim com você estar integral, inteiro. E só é possível alcançar esse estado quando os sete corpos estiverem alinhados. Por isso, é muito importante que se mantenha sempre em equilíbrio entre o emocional e o mental, para entrar em contato com o mental superior, que é onde se encontra o seu projeto de vida.

Vou dar um exemplo do porquê as coisas, às vezes, são tão difíceis. Muito se deve ao fato de não prestarmos atenção aos sinais que a vida nos dá, como se nossos corpos estivessem divididos em diferentes locais – o que resulta na falta de integridade e de presença plena. Então, imagine que você combinou de ir, em uma determinada data, à casa de um amigo muito querido. Mas, quando o dia chega, de repente você perde a vontade, sem saber por que razão. É algo aparentemente sem justificativa, uma informação que vem de uma parte muito interna sua, muito profunda, que você não entende racionalmente. Só sente... Então, o que faz?

Tem duas opções. A primeira é inventar uma mentira: "Eu estava pronto para ir, mas o pneu do meu carro furou... a minha enxaqueca começou a atacar... o meu filho falou que está vindo para cá agora com a namorada...". No fundo, está criando uma história para convencer o seu próprio racional. A segunda opção é falar: "Olha, não sei o que aconteceu, eu queria muito ir até aí, mas tem algo me dizendo que é melhor eu ficar em casa". Dessa maneira, está sendo íntegro. Você usou a sua sensibilidade, unindo o seu racional com o seu corpo emocional, manifestando as suas emoções para o seu amigo. Se ele tiver compreensão, vai responder: "Caramba, preparei tudo aqui para passarmos uma tarde juntos, mas tudo bem... Entendo que existe alguma coisa dizendo para você não vir e que está se respeitando". Sim, você está se respeitando integralmente: mental, emocional, físico, energético, espiritual, o todo! E o seu amigo também.

O problema é que a maioria das pessoas fica com a primeira opção, porque se preocupa com o que o outro vai dizer ou pensar: "Ele vai achar que não sou mais amigo dele, que eu não gosto dele... Então, tenho que ir". E, assim, você se trai e se divide. A sua racionalidade o leva para lá, mas o seu emocional não queria ir.

Quando você deixa de ser íntegro, no sentido de integral, perde potência e força, ficando muito mais vulnerável a toda e qualquer energia que estiver ao seu redor. No exemplo que utilizei, as emoções começam a ficar bagunçadas, porque o sentir diz para não ir e o racional diz para ir. Isso causa uma confusão que desestabiliza o corpo vibracional, criando uma sintonia com tudo o que está em desequilíbrio. A consequência será entrar em sintonia com energias que se encontram na mesma sintonia desestabilizada. Dessa forma, pode surgir uma angústia ou uma tristeza mais profunda que você não tinha antes.

Tudo isso mostra que, na vida, precisamos aprender a dizer não. E isso não ofenderá ninguém. Porém, também devemos aprender a escutar um não. A vida nos diz muitos "nãos". mas normalmente não aceitamos. Toda vez que você não aceita um "não" como possibilidade, é porque não concorda que a vida é como deve ser, e não do jeito que queria que ela fosse. E acaba entrando em um processo de dor, frustração e até raiva, o que também baixa o seu campo energético. Só que, muitas vezes, isso não acontece por uma razão ruim. Simplesmente, é porque tem alguma mensagem que o Universo está tentando lhe dizer.

Esteja aberto para tudo isso, para ter esse entendimento energético, compreendendo o que é um ser integral. E como facilitar esse processo? Exercitando ganhos de consciência, como está fazendo agora ao ler este livro. E, também, alinhando os seus sete corpos. Assim, não deixará o seu mental falar demais, nem o seu emocional ficar muito acelerado por conta de alguma sintonia ou de algo que aconteceu. Dessa maneira, entrará no que eu chamo de Alfa Profundo.

▎O Relaxamento Alfa Profundo

Se você está realmente comprometido em abandonar o julgamento e abraçar o amor, vai precisar colocar em prática diariamente – de preferência, nesse primeiro momento, duas vezes ao dia – o exercício que vou lhe ensinar agora: o Relaxamento Alfa Profundo. Eu mesma o pratico todos os dias! O objetivo é fazer com que você fique presente, podendo, assim, alinhar os sete corpos. Antes de mais nada, entenda que alfa é uma onda cerebral que alcançamos durante o sono, nos colocando em um estado de relaxamento muito profundo, mas nos mantendo, ainda, com alguma percepção do ambiente (falarei melhor sobre isso no Capítulo 17).

Porém, ao praticar o exercício que vou propor, você não vai dormir, nem perder a consciência do racional. Assim como a atividade do capítulo anterior, o Relaxamento Alfa Profundo não é, em nenhum momento, hipnótico. Vai colocar você em estado de presença, com a consciência lúcida que cura. As suas emoções vão se acalmar e, assim, ficará alinhado para entrar em contato com o seu mental superior, que é onde se encontram as respostas para aquilo que veio manifestar em seu projeto de vida, na missão de sua existência. Para isso, precisa aquietar o seu emocional e o seu mental. Com eles alinhados, conseguirá entrar em conexão com o seu mental superior e ter a percepção do que é seu e do que não é.

> "Integridade não tem a ver, necessariamente, com o que a sociedade chama de "íntegro", e sim com você estar integral, inteiro. E só é possível alcançar esse estado quando os seus sete corpos estiverem alinhados. Por isso, é muito importante que se mantenha sempre em equilíbrio entre o emocional e o mental, para entrar em contato com o mental superior, que é onde se encontra o seu projeto de vida."

@espaco_humanidade

Esse exercício diário é ótimo para ajudar a sua mente a parar de "voar". Afinal, não raro você está em uma aula ou em uma reunião de trabalho, e seu pensamento fica distante, lá no seu filho que está em casa doente ou na conta que precisa pagar. O Alfa Profundo vai ensinar você a estar presente, a se desligar de todo e qualquer processo externo para sentir-se totalmente integral.

No começo, se você não está habituado a meditar ou relaxar, pode achar um pouco difícil e ter muita vontade de se mexer. Mas, com a prática diária, pode acreditar, vai ficando muito simples e gostoso, e cada vez mais rápido de ser feito. Quando você perceber, já estará em alfa com facilidade, e ainda vai se surpreender, porque sentirá o desejo de ficar nesse estado por mais tempo.

Como a mente foi feita para pensar, a maior dificuldade das pessoas é deixá-la quietinha. Quando os pensamentos vierem, não embarque neles. Simplesmente, solte-os. Na verdade, com o Relaxamento Alfa Profundo, a mente não deixa de pensar, só que ela foca no aqui e no agora.

No vídeo que você vai assistir para a prática do relaxamento, os comandos serão todos dados por mim e você será guiado a pensar nas partes do seu corpo. Assim, dará uma atividade para a sua mente, fazendo com que ela não vá embora do presente. E eu vou ajudá-lo nisso!

Esses comandos de relaxamento também deixarão o seu corpo emocional presente, porque você dará uma sensação para ele. E essa sensação fará com que você fique integral – mental e emocionalmente –, com todos os corpos alinhados ao seu mental superior. Permanecerá consciente, presente a tudo o que está acontecendo, só que a sua mente não vai embora, não deixará de ficar no seu centro.

Vamos praticar? Basta apontar a câmera do seu celular para o QR Code da p. 191. Lembre-se de fazer o Relaxamento Alfa Profundo todos os dias, está bem?

Respiração para ter mais energia e saúde

Vou ensinar mais um exercício que você pode fazer diariamente, por alguns minutos apenas, para lhe trazer muita energia. É uma prática de respiração. E qual é o processo por trás dela? Sempre que respiramos, o oxigênio que entra na corrente sanguínea estimula a produção de energia dentro da célula chamada ATP (adenosina trifosfato). Ela funciona como um depósito energético. Com o exercício que vou propor, você vai potencializar isso.

A proposta é que você puxe cada vez mais o ar, trazendo mais oxigênio, como se estivesse fazendo uma atividade física. Será um processo de respiração intensa. De maneira mecânica, vai forçar as suas células a produzirem mais energia. Assim, tudo o que estiver mais adoentado no seu corpo físico vai obter energia para se recuperar. Conscientemente, você captará esse oxigênio para produzir a própria energia capaz de gerar um processo de autocura. Esse exercício potencializa tudo na sua vida.

Como é feita essa respiração? Você vai puxar o ar pela boca, numa grande quantidade, buscando trazer muito oxigênio para dentro de você. Faça isso repetidas vezes e com uma certa rapidez. Não é um processo meditativo! E nada de colocar o ar para fora, expirando. É como se fosse uma inspiração contínua pela boca. Puxe mais do que solta. E entenda que não é para soprar. Mas por que tem que puxar pela boca? Porque se tentar fazer isso pelo nariz, simplesmente não consegue.

Depois de puxar o ar o máximo possível de vezes, relaxe brevemente. Em seguida, retome o exercício até se cansar. Quanto mais rápido você puxar o ar pela boca, mais oxigênio entra e mais energia é produzida. É claro que no começo cansa, mas depois você se acostuma. É como um treino. Se você fizer essa respiração por dois a três minutos, já será ótimo. Aos poucos, pode ir aumentando para cinco ou dez minutos. Mas entenda que, se fizer todos os dias, poucos minutos serão suficientes. O importante é que você crie esse hábito para começar a regular todo o seu corpo fisicamente. Tudo o que for excedente vai ser eliminado, e tudo o que estiver com escassez de energia começará a ter força para entrar em um processo de auxílio de cura. Sem falar no equilíbrio para o seu mental, porque oxigena muito o cérebro. Além disso, é uma prática que também ajuda a entrar em alfa antes de fazer uma meditação, auxiliando você a se conectar com o todo.

Mas não adianta fazer só um dia, uma vez por semana, ou só por duas semanas e depois parar. É preciso constância, como se fosse uma atividade física – se faz por um período, tem uma resposta; parou de fazer, o corpo deixa de responder. Sei que a vida é corrida e você tem muitas questões para resolver. Mas, mesmo estando cansado, pratique essa respiração, porque ela vai produzir muita energia e vitalidade para você encarar todos os desafios da sua vida.

Para entender melhor como realizar essa respiração, aponte a tela do seu celular para o QR Code da p. 191.

Potencialize ainda mais essa respiração

Agora que você já aprendeu a respiração que dá mais energia e leva saúde para todo o seu organismo, saiba que também pode usá-la de maneira focalizada. Se estiver com alguma parte do corpo dolorida ou com um problema em algum órgão, coloque suas mãos sobre a região enquanto vai puxando o ar rapidamente. Assim, você canaliza e direciona a energia de cura para o local. Por exemplo, se está com dor nos joelhos, posicione as palmas das mãos sobre eles e comece a puxar o ar rapidamente, repetidas vezes. Se está com um problema no fígado, coloque as mãos na altura desse órgão e comece a fazer a respiração ensinada. Repita por cinco a vinte minutos (quanto tempo aguentar), todos os dias. Garanto que você vai se sentir muito mais revigorado e vitalizado, porque está trabalhando mecanicamente e intencionalmente com o elemento ar. Isso é magia: manipular um elemento a serviço da cura e da luz.

Capítulo 16

ATRAIA SOLUÇÕES PARA A SUA VIDA

ALÉM DE SE TORNAR CADA vez mais íntegro com a ajuda de exercícios que alinham os seus sete corpos, é importante que você compreenda a sua responsabilidade para atrair problemas para a sua vida. Na física, quando se refere à matéria, os opostos se atraem e os iguais se repelem. Foi o que aprendemos na escola. Porém, no campo das energias e da espiritualidade, ocorre exatamente o contrário: os iguais se atraem. E isso se dá pela sintonia. Portanto, o que você está emanando vai atrair situações idênticas para você. E ainda pode contagiar os outros.

Vou dar um exemplo. Imagine que, quando você ia comprar o pão de manhã, foi assaltado e levaram o seu celular. Você ficou com muita raiva e muito triste. Então, voltou para casa carregando essas sensações. Assim que chegou lá, brigou com o seu filho, que também ficou triste e foi para a escola desanimado e acabou se dando mal na prova. Brigou, ainda, com o seu marido (ou a sua esposa), que ficou com raiva e, chegando ao trabalho, não conseguiu render em suas tarefas e acabou discutindo com um colega.

Saiba que todo esse processo está na sua conta. Você é o deus dessa dor, porque a criou. Essa malha energética teve início na sua forma inicial de reagir, e sua família entrou na mesma frequência. Você não conseguiu soltar as sensações ruins por ter sido roubado, e elas começaram a formar uma massa, um bloco energético que ficou vibrando no seu campo, atraindo situações na mesma frequência. E esse bloco foi se tornando cada vez mais robusto, porque as pessoas que o cercam foram pondo mais magnetismo nele.

A maneira como reagimos atua profundamente nos nossos campos energéticos e espirituais. Para o lado bom e para o lado ruim. Se, ao ser assaltado, você tivesse pensado "Era apenas um bem material, eu estou bem", tudo teria sido diferente. Se naquele momento o seu filho apenas passasse "O papai só está nervoso, não é nada comigo", ele teria se dado bem na prova. O fato é que todos nós colhemos o que plantamos. Não somos vítimas do que nos acontece. É a lei da ação e da reação. Cabe a nós, então, tentar não ser massa de manobra das energias pesadas que estão por aí, porque a colheita sempre vem.

▌ Mas e se o problema já se instalou?

Nesse caso, você terá de fazer trabalhos energéticos para desfazer o bloco de energia acumulada que ficou no seu campo áurico, impedindo o fluxo natural das coisas. É como se cada situação ruim que lhe acontece fosse uma bexiga, na qual você coloca um pequeno canudo – que seriam os trabalhos energéticos, como o próprio Relaxamento Alfa Profundo – e ela vai esvaziando devagarzinho. Porém, você precisa compreender algo importantíssimo: se continuar com os mesmos padrões, a bexiga vai voltar a encher.

Assim, vou mostrar a você, passo a passo, como lidar com os problemas fazendo mudanças nos seus padrões energéticos e espirituais.

1º passo – Enxergue além do problema

Olhe para a seguinte figura:

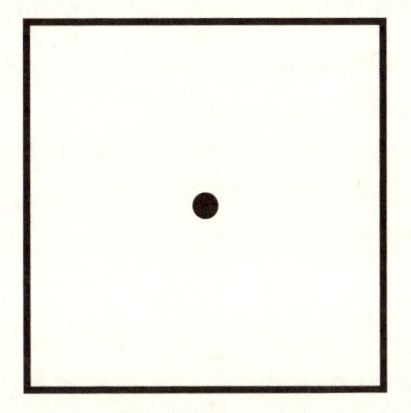

O que você vê nela? Provavelmente, vai responder: "Um ponto preto". Mas eu quero que você se atente que, além do ponto preto, há todo um campo branco. No geral, em determinadas situações, você só consegue enxergar o ponto preto, ou seja, a questão que está doendo. Só que a resolução do problema está fora dele, no ambiente externo. É assim que você consegue perceber as possíveis soluções, um universo de possibilidades. E isso vai trazendo uma sensação de menos angústia, menos dor.

Dessa forma o problema deixa de existir? Não. O que eu quero dizer é que, quando você se mantém focado nele, o seu estado de presença fica comprometido, limitando a cura do padrão que o atraiu.

2º passo – Olhe para o que gerou o problema

Ao fazer isso, naturalmente, você vai encontrar o padrão que o levou a se sintonizar com a questão que tanto o aflige. Perceba que não estou dizendo que você a "criou". Afinal, ninguém tem essa intenção: "Hoje vou sair de casa para dar tudo errado" ou "Vou montar essa empresa para que ela vá à falência". Mas existem padrões que antecedem o problema, que fazem com que você sintonize com situações que geram a dificuldade. Você precisa, então, voltar ao sentimento, à sensação que fez com que você atraísse a vibração do problema, para assim detectar o padrão.

Isso é facilmente explicado por uma fórmula:

Sensação ✚ pensamento ✚ vibração ═ ATRAÇÃO

As emoções são o guia. Não pense que é: primeiro surge algo em sua cabeça (pensamento) que faz com que você acesse determinada energia (sensação). É exatamente o contrário: essa energia acessa você primeiro e por isso algo vêm à sua mente. Assim, pela fórmula, primeiro você sente algo (que pode ser negativo ou positivo, como medo, angústia, alegria, amor...), isso vira um pensamento que gera uma vibração. É a partir dessa vibração que ocorre a atração do problema ou de algo maravilhoso. Depende de você. A chave para controlar os pensamentos está em observar as emoções que os desencadeiam. Se forem emoções negativas, mude esse padrão.

3° passo – Faça perguntas

Encontrar a sensação que fez você se sintonizar com a trava energética nem sempre é fácil. Para auxiliar nisso, o ideal é que você se faça perguntas sobre o que foi, como foi, o que fez... Olhe para a sua vida e avalie tudo o que possa estar envolvido no processo de sintonização com o problema. Pode acreditar que isso segue um padrão, que é exatamente o que fez você sintonizar com a energia que o bloqueou.

Passarão pela sua cabeça questões como: "Ah, eu não devia ter falado com ela daquele jeito; eu não devia ter comprado isso no cartão se eu não tinha o dinheiro; eu não devia ter contratado aquele funcionário...". Ou seja, você voltará para trás para observar. A partir do momento que você identificar racionalmente aquilo que foi o passo errado para sintonizar com o problema que hoje se manifesta em sua vida, faça uma análise, como se fosse um resumo que você entregava na época da escola após ler um texto. Dessa maneira, vai encontrar o sentimento primordial que habita ali, naquela história resumida.

Vamos supor que você perceba que a sua questão está na insegurança e no medo – o que acontece com a maioria das pessoas, já que esse é o grande problema que encolhe o nosso campo áurico, lembra? Mas medo do quê? "Eu falei com ela daquele jeito porque fiquei com medo que me abandonasse; eu comprei mesmo sem ter certeza de que teria o dinheiro para pagar depois porque fiquei com medo de parecer inferior aos meus amigos; eu contratei porque fiquei com medo de não ter ninguém para me ajudar". Enfim, você precisa fazer um retorno até que descubra essa essência, que não precisa exatamente ser uma palavra específica. O importante é você entender o espírito da situação que o leva até aquele padrão, o qual, por sua vez, o faz se sintonizar com questões do mesmo padrão.

4º passo – Inverta a polaridade do padrão

Agora você deve estar se perguntando: "Mas dá para mudar o padrão?". Não necessariamente. Porém, dá para você olhar para ele com lentes positivas. O padrão é seu, você o construiu com aquelas características para que possa criar a sua realidade a partir do seu mental superior, para que consiga cumprir com o projeto de vida que você trouxe para trabalhar na Terra – e, a partir daí, você pode ter a vida abundante, a alegria, a felicidade que você merece e que precisa, porque de fato é abundante para todo mundo e não está só no seu pensamento. Lembre-se de que o seu pensamento racional equivale a apenas 5%; todo o restante é um outro tipo de inteligência, que se encontra na nossa sensação, na nossa percepção.

Ou seja, o seu padrão não é uma crença que você vai mudar com a sua racionalidade. Ele habita em você, só que você o vem utilizando de maneira equivocada, na polaridade invertida. Precisa passar a utilizá-lo na polaridade que facilitará o seu trabalho. Se tem uma insegurança, deve tomar atitudes para saná-la. Dessa maneira, vai começar o trabalho de resolução do seu problema – olhará além daquele ponto no meio do quadrado, que era o seu único foco. E isso deverá ser algo a se realizar pela vida toda.

Quando você encontrar o padrão dos seus problemas, faça tudo o que for necessário para que ele gere uma paz – ainda que, em algum momento, por um período, você se sinta um pouco triste. Como assim? É porque, às vezes, quando é preciso tomar certas atitudes na vida, isso não o deixa feliz. Mudar padrões não é fácil! Por exemplo, você sente que o seu casamento não dá mais. Mas pensa: "Ah, mas ele é tão bom para mim...". Você tem a sensação de que precisa mudar – ou seja, no fundo, sabe que deve perder o medo de ficar só –, mas fica ponderando com a sua razão. Ao fazer isso, se desconecta. Porém, você se torna íntegro quando reflete: "Sim, é um bom marido, mas não faz mais sentido dentro do meu coração". Então, ao tomar essa decisão, pode até ser que fique um pouco triste, mas o seu coração ficará em paz porque sabe que é o certo a ser feito.

Quando você está com tudo alinhado, sente equilíbrio e tranquilidade. Lembre-se de que só a verdade o libertará, a verdade do seu coração, da sua sensação mais profunda. Claro que, para isso, terá que usar do seu racional para colocar em prática o que deve ser feito para conquistar essa paz, ou seja, desenvolver a polaridade positiva do seu padrão.

E isso é para sempre?

Essa é uma pergunta muito recorrente na minha rotina. Mas a resposta é não. Embora cada caso seja um caso, possivelmente, você vai ter que fazer uma manutenção de tempos em tempos. Mas a técnica resolve na hora? Sim, só que é a mesma coisa que você tomar um banho hoje e achar que vai ficar limpo para o resto da vida. Certamente, voltará a se sujar. E o mesmo acontece com essa proposta de encontrar soluções a partir da análise dos padrões que trouxeram o problema. Sua vida continuará em movimento, e outras questões vão acontecer no meio do caminho. Novas plantações, novas colheitas...

Sei que tudo o que estou tratando aqui é muito conceitual, mas é que questões espirituais e energéticas são realmente muito subjetivas e profundas. O mais importante é você entender que a vida vai apresentar seus desafios e você irá se trabalhando. E que esses desafios não chegarão a você por acaso: serão fruto da sua sensação, do seu pensamento e da sua vibração, que, juntos, geram uma atração. Mantenha seus padrões elevados e assim atrairá tudo de melhor.

Perdão também resolve problemas

Levando em conta que todos os processos que acontecem com você são de sua responsabilidade, já deu para perceber que não dá para fazer birra com a vida. É de sua alçada modificar o que é preciso para melhorar suas dores. E algumas delas podem passar pela necessidade de perdoar. Se alguém lhe fez algo que doeu muito, talvez você possa falar: "Mas ele não merece o perdão, porque não mudou". Mas quem disse que você precisa perdoar quem merece? Quem precisa de perdão é justamente quem não merece! Porque os outros certamente já se libertaram. Além disso, existe um contraponto importantíssimo: você também precisa se libertar das dores que gerou para si mesmo.

Solte e entenda que o outro fez o que fez, e que, ao perdoá-lo, não está exatamente o perdoando, e sim se libertando daquela situação. Lembre-se de que, por alguma razão, você se sintonizou com aquilo e permitiu que aquela dor se manifestasse em sua vida, ainda que não fosse algo consciente.

Então, você nunca vai ser livre se estiver preso por não perdoar o outro – principalmente, não se perdoando das falhas que cometeu e não ajustando e quitando os blocos energéticos que você mesmo criou. Esse processo é um dos mais importantes em sua vida, porque trará entendimento ao seu campo energético, espiritual e astral.

Você nunca será livre se estiver preso por não perdoar o outro – mas principalmente, se não perdoar a si mesmo das falhas que cometeu e não ajustar e quitar os blocos energéticos que você mesmo criou.

@espaco_humanidade

7 condutas para mais felicidade

Um estudo muito interessante mostrou que tudo o que gera prazer ao nosso coração libera os hormônios serotonina e ocitocina no nosso organismo. Mas não são satisfações mundanas, e sim as que vêm da paz, do nosso mental superior. Para isso, esse trabalho diz que precisamos ter condutas "S" (de serotonina), que são:

- ✦ Serenidade
- ✦ Silêncio
- ✦ Sabedoria
- ✦ Sabor
- ✦ Sexo
- ✦ Sorriso
- ✦ Sono

Além disso, para ter qualidade nessas condutas, é necessário alimentar bons pensamentos e sentimentos, e adquirir a paz que se consegue pela reflexão, pela consciência que cura, pela meditação e por tratamentos energéticos – neste caso, surge mais uma vez a indicação para você fazer o Relaxamento Alfa Profundo. Ao praticar todos os dias, vai conseguir ter mais liberação dos hormônios que vêm do seu coração, aliados ao seu mental superior, conquistando mais paz e felicidade, e não só bens materiais. Entenda que a sua felicidade não está no material (nem naquilo que você tem, nem naquilo que você não tem). Ela está dentro do seu coração. Por isso, pratique em seu dia a dia essas condutas "S".

Capítulo 17

CONTROLE AS SUAS ONDAS CEREBRAIS

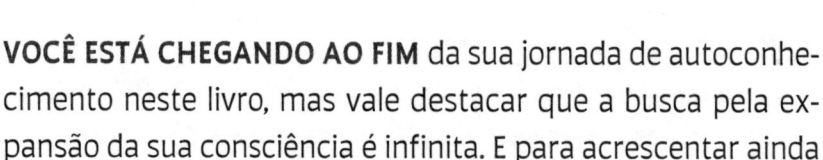

VOCÊ ESTÁ CHEGANDO AO FIM da sua jornada de autoconhecimento neste livro, mas vale destacar que a busca pela expansão da sua consciência é infinita. E para acrescentar ainda mais um recurso para a sua autocura, agora vou apresentar a você como as ondas cerebrais podem afetar a sua saúde, e, claro, mostrando como usar isso a seu favor.

Ao ativarmos demais o lado esquerdo do cérebro (responsável pela nossa razão), estimulamos proporcionalmente a atuação do sistema nervoso simpático, que ajusta o organismo para suportar situações de perigo, esforço intenso e estresse físico e psíquico. Assim, quando as ondas cerebrais ultrapassam 14 hertz (hz), tem início a produção de adrenalina e entramos em um estado de atenção. É o suficiente para realizarmos os nossos trabalhos do dia a dia, nos mantendo acordados.

Mas, conforme as ondas cerebrais vão aumentando, passando de 16 hz, começamos a entrar no estado de alerta. É como se fosse um sinal amarelo, do tipo: "Tem alguma coisa aqui, não sei o que é, mas estou sentindo...". Se a sensação de medo aparece, aumentamos ainda mais a produção de adrenalina e as ondas cerebrais pulam para 20 hz, e o nosso corpo se prepara para a reação, para a luta ou fuga.

Quando chegam entre 21 e 40 hz, atingimos o alerta total. E se passarem de 40 hz, entramos em um estado de pânico. Nesse momento, o cérebro bloqueia e não consegue mais pensar. Ele entra em surto, em pane. É mais ou menos o que acontece quando chega uma quantidade excessiva de energia em nossa casa e a caixa de disjuntores apaga toda a eletricidade. Em nosso organismo, a liberação de adrenalina é tão grande que desregula todos os hormônios, e entramos em um estado vermelho que leva ao pânico.

Isso acontece do sutil para o físico. Se você começa a ter uma percepção energética espiritual que vai acelerando o seu medo ou deixando o seu pensamento muito rápido (por estar apavorado), esse estado emocional desequilibra o seu corpo físico, aumentando a descarga de adrenalina.

▎A saída é baixar as ondas cerebrais

Como já deve ter dado para perceber, precisamos fugir ao máximo das ondas cerebrais elevadas, para termos paz e boa saúde. Mas como fazer isso? Para responder a essa pergunta, primeiro preciso explicar as ondas cerebrais que se apresentam durante os quatro estágios do sono:

1º estágio: 30 a 13 hz (ondas beta)

Ele dura, em média, 5% do período do ciclo do sono. É aquele sono leve, em que começa a surgir um pequeno relaxamento muscular, podendo acontecer, ainda, alguns momentos de contração muscular – quando começamos a dormir e, de repente, parece que tomamos um susto. À medida que o corpo vai ficando mais molinho, a onda cerebral segue diminuindo, até chegar a 13 hz.

2º estágio: 12 a 7 hz (ondas alfa)

Nessa fase, o sono está um pouco mais profundo. Vamos relaxando, acalmando nosso cérebro e, naturalmente, as ondas cerebrais vão baixando. A nossa respiração e a batida do coração diminuem, e temos uma leve sensação de esfriamento – é aquela hora em que puxamos a coberta, porque tudo está se acalmando internamente e a temperatura corporal cai um pouco. Nesse momento, atingimos as ondas cerebrais alfa, que são as mesmas que eu proponho a você chegar com a prática do Relaxamento Alfa Profundo. Estando nelas, é possível alcançar o relaxamento, mas ainda mantendo alguma conexão com o ambiente. Só que a nossa conexão é muito maior com os campos inconsciente, energético e espiritual. Todas as noites, isso acontece naturalmente. E quando eu sugiro que você faça o Relaxamento Alfa Profundo diariamente, é justamente para que se mantenha desperto ao mesmo tempo que adquire uma percepção maior do todo.

3º estágio: 7 a 4 hz (ondas teta)

Esta é a fase do sono bem profundo. Dura um pequeno período e nosso batimento cardíaco aumenta um pouco. É quando temos o chamado sono REM, no qual acontecem os nossos sonhos, processamento de tudo aquilo que vivemos durante o dia ou de conexões que possamos estar fazendo. Nesse estágio, os nossos olhos ficam mexendo enquanto dormimos.

4º estágio: Abaixo de 4 hz (ondas delta)

Aqui, o sono aprofunda ainda mais e a respiração fica ritmada. É uma onda cerebral muito baixa, muito calma, e a nossa atividade muscular fica bem limitada e praticamente não nos mexemos. O corpo fica totalmente relaxado para que nosso organismo vá se regulando.

É interessante observar que se a onda cerebral chegar a zero é porque morremos. Então, todas as noites, quando dormimos, entramos em um estado de profundidade que pode ir até 1 hz. É um corpo deitado, descansando, se recuperando, mas com um fio de vida. Nesse momento, passamos por um processo de soltura: o nosso espírito se solta para que possamos entrar em contato com esse ambiente inconsciente, energético e espiritual.

Os estágios que apresentei aqui compreendem um ciclo de sono, e cada ciclo dura, em média, uma hora e meia. Durante uma noite, nós passamos por eles de quatro a cinco vezes – com exceção do primeiro, caso contrário acordamos. Esse processo do sono realiza um ajuste frequencial, a fim de que aconteçam todas as limpezas de nosso corpo. Então, tudo o que vivemos durante o dia, temos que processar. Conforme isso acontece, eliminamos o que não serve e ficamos apenas com o que é bom para a nossa vida, para a nossa história, para a nossa missão.

Porém, quando vivenciamos durante o dia alguma situação muito difícil ou que gere alguma dor ou trauma, esse processamento dos dados durante o sono se torna mais complexo de ser elaborado. É como um computador que trava. E aquilo se torna um bloco em nosso campo inconsciente. Porém, quanto mais consciência tivermos em relação a esse bloqueio, a esse trauma que aconteceu, menos trava o nosso sistema. Mais uma vez, como venho dizendo desde o início deste livro, o entendimento será a cura – e isso se dá enquanto você está acordado, vindo a se refletir depois na qualidade do sono.

Faça perguntas antes de dormir

Por outro lado, há momentos em que mergulhamos com tanta profundidade nos sonhos, que até realizamos viagens astrais, nas quais o nosso campo energético entra em contato com o nosso campo espiritual. O que significa isso? Que todos nós passamos por um desdobramento durante o sono, só que algumas pessoas lembram e outras não. Mas isso não faz diferença: recordando ou não, todo mundo vai para essa vida paralela.

O mais interessante é que tem gente que, conscientemente, aproveita esse momento para fazer um trabalho energético espiritual, como se fosse um processo de estudo. E você também pode! Antes de dormir, à noite, conecte-se com o mundo espiritual e peça para aprender ou compreender o que deve ser realizado para resolver um determinado problema que esteja enfrentando. Ou coloque-se à disposição de uma energia superior para ajudar em trabalhos espirituais, cedendo o seu magnetismo para isso. Dessa maneira, conecta-se a egrégoras espirituais de auxílio.

O fato é que existem pessoas que estão tão perdidas na condução de suas vidas ou que ficam pedindo tudo só para si – e não se oferecem para ajudar –, e aí elas vão ter conexão com outras energias que oferecerão a elas aquilo que estão pedindo, porque sempre terá alguém para ofertar... Não se sabe, contudo, o que vão pedir em troca depois.

Mas como se conectar às egrégoras superiores? Isso acontece sempre que você se coloca a serviço e quando não está necessariamente pedindo um presente ao Universo. Tudo o que você deseja é estudar, compreender uma maneira de resolver o seu problema. Ou seja, você não quer nada pronto, de bandeja, e sim saber como deve agir para conseguir o que precisa. Está, simplesmente, em busca do entendimento de como criar possibilidades em sua vida.

E tudo isso acontece durante o nosso sono. Algumas pessoas podem lembrar depois, outras não – nessa fase de onda cerebral muito profunda, é mais difícil absorver as informações desse campo tão grande, sem contar que também temos a nossa própria limitação do corpo físico. Mas algo fica dentro de nós, guiando em direção às soluções.

▎Você pode (e deve) entrar em alfa estando acordado

Com o Relaxamento Alfa Profundo, que eu mesma ensino a fazer com a ajuda do vídeo disponibilizado no Capítulo 15, você se mantém consciente e, ao mesmo tempo, conectado com as informações que vão chegar para ajudar na sua autocura. Para que possa estar em conexão com o todo, precisa acalmar o seu cérebro, ou seja, diminuir as suas ondas cerebrais.

Muita gente costuma me fazer a seguinte pergunta: "Todo mundo diz que, para vivermos bem, temos que aumentar as nossas frequências". Sim, mas existe uma diferença crucial nisso: para conseguirmos realizar as coisas em nossa vida – qualquer que seja! –, precisamos estar com as ondas emocionais altas (em frequência alta) e com as ondas cerebrais baixas.

Então, para alcançarmos as informações e orientações – ao mesmo tempo que permanecemos em estado presente para podermos dar comandos à nossa vida –, necessitamos desse estado. É assim que entramos na condição ideal para as materializações, para fazer sugestões, para dar ordens a nós mesmos e, assim, modificar a nossa estrutura. Só que isso sempre deve estar ligado ao nosso projeto de vida.

Repare que tem gente que faz de tudo, entra nas vibrações e nada acontece. Isso porque nada que possa atrapalhar a nossa evolução espiritual (aquilo que trouxemos para trabalhar nesta encarnação) irá se manifestar. Como já sabe, o mental superior conhece tudo o que escolhemos fazer antes de encarnar, para realizar o nosso projeto de vida. Por isso é que certas materializações acontecem para algumas pessoas e para outras não. Existem variáveis caso a caso. Só o que está

Só o que está alinhado à **NOSSA VERDADE,** *o que viemos elaborar nesta vida, é que vai se manifestar.*

@espaco_humanidade

alinhado à nossa verdade, o que viemos elaborar nesta vida, é que vai se manifestar.

Então, quando as ondas cerebrais baixam e a frequência emocional se eleva, você entra em um estado possível de realizar coisas mais produtivas à sua vida, e não futilidades que não servem ao seu bem-estar, ao bem-estar do outro e ao todo. Se você quiser uma única coisa que seja boa para você, mas que, por algum motivo, não seja boa para o outro, o seu mental superior vai protegê-lo para que não infrinja em um erro maior que vá gerar dor para ambos os lados.

Assim, para finalizar, vou lhe dar alguns poucos motivos para convencê-lo, de uma vez por todas, sobre a importância de entrar em alfa:

– O poder dos pensamentos fica mil vezes maior por manterem-se conectados.

– O nosso corpo vibra na mesma frequência da Terra, na frequência Schumann, que é de 7,83 hz, deixando os nossos pensamentos mais potencializados e tranquilos.

– O nosso corpo fica mais relaxado, já que todas as atividades físicas são diminuídas.

– Mais energia pode ser canalizada para ativar os nossos desejos, aquilo que o nosso coração pede.

– Ficamos mais dispostos a aceitar as sugestões para, por exemplo, realizar a manutenção ou redução do peso, parar de fumar, estudar e melhorar a memória, a habilidade de tomar decisões, a atitude para lidar com o dinheiro, a autoestima e tantas outras situações que podem facilitar muito o nosso processo nesta experiência encarnatória.

Como pode ver, ficar em alfa dá muito mais poder – sobre si mesmo, e não sobre os outros. Você não precisará fazer tanta força para conseguir o que deseja. Quando está em alfa, conectado ao mental superior, seu verdadeiro processo de autocura começa a se efetuar. Não abra mão desse conhecimento que chegou para você, na hora exata em que precisava acontecer. Pratique todos os dias e cuide de si mesmo, para valer.

Capítulo 18

SUA CONSCIÊNCIA SE EXPANDIU... AGORA, SIGA A SUA CAMINHADA

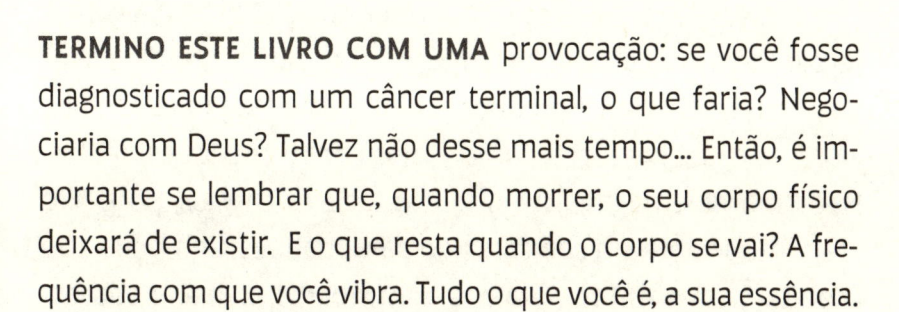

TERMINO ESTE LIVRO COM UMA provocação: se você fosse diagnosticado com um câncer terminal, o que faria? Negociaria com Deus? Talvez não desse mais tempo... Então, é importante se lembrar que, quando morrer, o seu corpo físico deixará de existir. E o que resta quando o corpo se vai? A frequência com que você vibra. Tudo o que você é, a sua essência.

E qual essência você está manifestando? É importante pensar sobre isso porque, da noite para o dia, pode não haver mais um corpo para voltar. Quando você está dormindo e sonha que se meteu em alguma confusão ou que bateu no seu chefe, o que faz? Na hora do desespero, acorda. Ou quando está na rua e percebe que está tendo um assalto a poucos metros de distância, corre para algum lugar e se protege. Mas, ao voltar a ser apenas espírito, a única coisa que irá proteger você será a sua frequência primordial.

E o que forma essa frequência primordial? Os seus valores! Quais são os seus atuais valores? Qual é a sua verdade? Não tem faz de conta no mundo energético, entende? Por isso, volto à pergunta inicial: se você fosse diagnosticado agora com uma doença terminal, para onde iria? Pare e pense. Será que não deveria aproveitar melhor o seu tempo com a verdade? Ou você ia ter vergonha de tudo o que viveu e ficaria implorando a Deus: "Me deixe ficar! Não posso ir agora"? Mais uma vez, repetirei para você: a vida é como é, não como você quer que ela seja. Portanto, não protele, não adie a sua verdade, a sua evolução.

E como você vai saber que está no caminho certo? É quando sente felicidade, quando seu coração aquece. Mas aí você pode falar: "Só que eu ainda não tenho todo o dinheiro de que gostaria". Eu não estou me referindo a dinheiro, e sim à felicidade, vibração, evolução. Estou mencionando a felicidade que nasce a partir do que vibra no seu coração, e não nas vísceras e nos prazeres, como vimos com o chakra esplênico. Não há problema algum como os prazeres carnais, porém, o mais importante é a sua conexão para manifestar o Deus que coabita em você. Essa é a sua contraparte divina, o seu eu, junto com o seu Deus superior que veio se manifestar aqui na Terra para que, ao você partir, possa estar íntegro dentro dessa verdade.

Então, pense bem: quando o seu corpo físico acabar – e acontece mais rápido do que imaginamos –, só vai sobrar a sua essência. E qual é o maior sinal que revela se, hoje, você está na sua essência? Uma paz que habita o seu interior. Como já comentei antes, às vezes, você pode até tomar uma decisão que o deixa triste, porque o seu ego fica mexido. Sua emoção também pode ficar dolorida, mas o seu coração e a sua mente se mantêm em paz, porque sabem que foi feito o certo. Isso mostra que a sua paz habita na sua essência. Quando você se perguntar "eu devo, eu posso, eu quero", e todas as respostas forem sim, é porque está, invariavelmente, no seu processo de paz.

Neste livro, você aprendeu um pouco do que é ser Humanoterapeuta de si mesmo. Ao se conhecer e ao entender como tudo funciona nos campos energético e espiritual, refletindo no seu físico e na sua vida em geral, se muniu de forças para curar aspectos de sua vida que vêm atrapalhando a sua evolução. A consciência cura, nunca se esqueça disso. Por isso, você não deve parar por aqui. Estude cada vez mais, busque cada vez mais. Se necessário, procure terapeutas energéticos para auxiliar no seu processo de cura. Mas tenha em mente que o primeiro passo foi dado. Absorva e coloque em prática tudo o que passei aqui para você. E lembre-se sempre de viver a sua verdade, o seu projeto de alma, para que a sua essência se torne cada vez mais radiante e feliz.

Desejo que a sua jornada na Terra seja linda – e o que virá depois também, sempre rumo à evolução!

Um abraço,
Andresa Molina

Bônus!

Para ter acesso a todos os conteúdos complementares espalhados ao longo deste livro, acesse a câmera do seu celular para o seguinte QR Code e aproveite:

Transformação pessoal, crescimento contínuo, aprendizado com equilíbrio e consciência elevada. Essas palavras fazem sentido para você? Se você busca a sua evolução espiritual, acesse os nossos sites e redes sociais:

Luz da Serra Editora no **Instagram**:

Conheça também nosso **Selo MAP – Mentes de Alta Performance:**

No **Instagram**:

Luz da Serra Editora no **Facebook**:

No **Facebook**:

Conheça todos os nossos livros acessando nossa **loja virtual**:

Conheça os sites das outras empresas do Grupo Luz da Serra:

luzdaserra.com.br

iniciados.com.br

luzdaserra

Luz da Serra®
EDITORA

Rua das Calêndulas, 62 – Juriti
Nova Petrópolis / RS – CEP 95150-000
Fone: (54) 99263-0619
E-mail: loja@luzdaserra.com.br

Impressão e Acabamento | Gráfica Viena
Todo papel desta obra possui certificação FSC® do fabricante.
Produzido conforme melhores práticas de gestão ambiental (ISO 14001)
www.graficaviena.com.br